AF291683

Der verborgene Sinn
des Lebensrücklaufs

Adam Fischer

www.tredition.de

Verlag und Druck   tredition GmbH
                            Halenrei 40-44, 22359 Hamburg
Titelseite: Ölgemälde von Adam Fischer
Gestaltung und Satz: Konstantin Banmann
                            www.kontinuum-art.de
Lektorat: Ina Kleinod
                            www.sinntext.de

ISBN:
Paperback: 978-3-347-54885-5
Hardcover: 978-3-347-54887-9

Inhaltsverzeichnis

Sinnloses Dasein?

Seit Willem Cornelis van Dam[1] und Raymond A. Moody[2] Ende der 1970er erstmals in ihren Büchern authentisch vorgetragene Nahtodberichte veröffentlichten, also zahlreiche Fallbeispiele beschrieben, in denen Menschen, die als klinisch tot galten, ganz buchstäblich wieder zum Leben erwacht waren, ist einer entsprechend interessierten Leserschaft die Tatsache bekannt, dass der physische Tod nicht das endgültige Aus bedeutet. Inzwischen ist viel Zeit vergangen und erstaunlich viele weitere Bücher zu diesem Thema sind erschienen. Einer der eindringlichsten Titel ist von dem holländischen Kardiologen Pim van Lommel[3] verfasst. In vielen der Berichte ist die Rede von einem besonders auffälligen Geschehen, welches mit dem Begriff „Lebensrücklauf" betitelt wird. Die Betroffenen beschreiben die Erfahrung, dass in ihrem klinisch toten Zustand ihr ganzes zurückliegendes Erdenleben noch einmal an ihnen vorüberzieht, und zwar rückwärts, beginnend beim Augenblick des vermeintlichen Todes und endend in der Stunde ihrer Geburt.

Das Wissen um dieses Geschehen ist der Menschheit jedoch nicht erst bekannt seitdem die moderne Medizin Menschen aus dem klinisch toten Zustand zurück-

---

1 Dämonen und Besessene; (dt. Erstausgabe 1971; nicht mehr lieferbar
2 Leben nach dem Tod; (dt. Erstausgabe 1977; 14. Auflage Rowohlt 2013
3 Endloses Bewusstsein; (dt. Erstausgabe 2007; Knaur 2013

holt, es ist vielmehr ein Urwissen der Menschheit, bekannt in allen Kulturen, zu allen Zeiten.

In dem Buch „Weihnacht", Bd. 24 der gesammelten Werke, lässt der große deutsche Volksschriftsteller Karl May um das Jahr 1890 auf Seite 493, seine Romanfigur Hiller folgende Worte sagen: „Man sagt, in der Stunde des Sterbens zöge das ganze Leben mit allen begangenen Fehlern in greller Beleuchtung an dem geistigen Auge des Menschen vorüber; bei mir war diese Sage wahr." Also wusste auch May darum, der, nebenbei bemerkt, oft völlig missverstanden, weil er in seinen wahren Absichten nicht erkannt wurde. Welch tiefer Sinn mag diesem Geschehen zugrunde liegen? Mit dieser Frage soll sich diese Schrift befassen.

Da der sogenannte Lebensrücklauf nur einen winzigen Teilaspekt in einem gigantischen komplexen Geschehen bildet, welches der Allgeist heute die Heimholung oder Rückführung aller seiner gefallenen Kinder (seit dem Engelsturz) nennt, kann er nicht isoliert betrachtet werden. Zum echten Verständnis muss ein Grundwissen über die Gesamtzusammenhänge vorhanden sein. Hierüber werden die Menschen in unserer gegenwärtigen Zeit durch das prophetische Wort umfänglich, erschöpfend aufgeklärt – wie nie zuvor in der Geschichte. Dies geschieht gemäß Jesu Ankündigung „Ich habe euch noch viel zu sagen, aber ihr könnt es jetzt nicht tragen. Wenn aber jener, der Geist der Wahrheit, kommen wird, wird er euch in alle Wahrheit leiten. (…)"[4]

4 Johannes 16,12–13)

Der Großteil aller Menschen wandert in vollkommener Unkenntnis über den Sinn ihres irdischen Daseins durch das Leben. Die meist unbewusst wahrgenommene, also mehr nur gefühlte Sinnlosigkeit führt zu all den degenerativen, ja krankhaften Erscheinungen, wie sie sich auf der Erde zeigen. Das Jagen nach äußerem Glück steht dabei ganz oben auf der Agenda. Niemand will noch zur Ruhe, zur Besinnung kommen, um eventuell tiefer über den wahren Wert des Glücks nachzudenken. Es besteht allgemein die Furcht, es könnte sich gähnende Leere breitmachen, sobald man nichts zu tun hat. So hastet mancher Mensch von einem Jahrmarkt zum nächsten, von einer Party zur anderen und vermeidet so, jemals mit sich selbst in Kontakt zu kommen. Ein Bekannter erzählte mir beispielsweise voller Begeisterung von seiner Australienreise im letzten Sommer samt Besteigung des Ayers Rock, dem Berg, der schon den Ureinwohnern dieses Kontinentes heilig war. (Nun dürfte unser kirchlich geprägtes Verständnis des Wortes „heilig" den wahren Sachverhalt nicht treffen.) Erstaunlicherweise wurde der Ayers Rock im Herbst 2019 für die Öffentlichkeit und damit für Touristen aus aller Welt gesperrt und den Aborigines zurückgegeben. Ob mein Bekannter, der noch das Privileg hatte, den Berg zu besteigen, auf dessen Gipfel etwas gefunden hatte, kam in seinem Erzählen nicht zum Ausdruck. Das ist typisch für vieles: Alles Erleben wird nur wie ein kurzer Rausch empfunden und ist schnell verflogen. Dann beginnt die nächste Hetze nach dem nächsten Rausch. Mal nach Alaska? Malediven? Unersättlich bleibt der Mensch in seinem Streben nach dem kurzweiligen Glück. Das tiefere Glück in sich selbst und in seiner Einbettung in die größere göttliche Ordnung ist ihm aber verborgen. Der Dichter Wilhelm Busch brachte es so auf den Punkt: „Ein jeder Wunsch, so er erfüllt, kriegt augenblicklich Junge."

Lasst uns das Leben genießen – so eine weit verbreitete Devise, denn wir leben nur einmal und danach ist alles vorbei. Doch plötzlich und ohne Vorwarnung schlägt das vermeintliche Schicksal zu: Der Sohn, kürzlich erst achtzehn Jahre alt geworden, mit frisch ausgestelltem Führerschein, kommt von einer Ausfahrt nie wieder zurück! Vorbei mit Party und „lasst uns das Leben genießen". Gähnende Leere! Warum musste ausgerechnet ihm das widerfahren?, fragen die Eltern entsetzt. Er war doch noch so jung … Mancher fragt gar, warum Gott den Unfall zuließ, sofern man an diesen Gott überhaupt glaubt! Viele drängende Fragen finden keine befriedigenden Antworten. Verzweiflung macht sich breit. Welchen Sinn soll dieses Leben schon haben angesichts dessen, dass man sich dem Schicksal ausgeliefert fühlt? Wenn alles so hoffnungslos ist, wozu das alles? Dann kommen womöglich von blinden Blindenführern Sprüche wie dieser: Gottes Wege sind unergründlich! Wem ist mit solchen Platitüden in derart ausweglosen Situationen aber wirklich geholfen?

Bei nicht wenigen Zeitgenossen führt die zwar unbewusst, aber doch seelisch tief empfundene Sinnlosigkeit zu wahren Exzessen. Sie flüchten in Alkohol, Rauschgift oder verschiedenste Arten von Ausschweifungen. Alles Süchte einerseits, aber in dem

Wort Sucht steckt auch das Wort suchen. Wirksam bleibt eine verborgene Suche der Seele. Die klerikalen Gaukler der Großreligionen haben mit ihren Maximen für ihre Schutzbefohlenen keine Sinnhaftigkeit stiften und deren Leben keinen Wert vermitteln können. Allein der Glaube genügt? Wohl kaum!

Das kirchliche Dogmengebäude

Das Dogmen- und Lehrgerüst, insbesondere der katholischen Priestermänner, ist dergestalt abstrus, dass ein logisch denkender Mensch aufgrund dessen zum Atheisten werden kann. Mir selbst sind solche Dogmentreiber bekannt. Was hat sich diese Gilde nicht alles im Laufe ihrer Geschichte an unfassbaren Märchen ausgedacht und an Eigenmächtigkeiten selbst zugesprochen! Unter Androhung schlimmster Repressalien wurde vom Volk verlangt, diese Kröten zu schlucken. Die übelste geistige „Speise" war die Erfindung einer angeblich ewig dauernden Höllenstrafe, wobei der Leib für alle Ewigkeit im Feuer gemartert werde. Mit dem ewigen Feuer ist wohl eher sie selbst im Bunde, diese dunkle Organisation, hat sie doch über einen langen Zeitraum ihr unliebsame Menschen auf öffentlichen Plätzen - grausam inszeniert – den Feuertod sterben lassen, insbesondere Frauen.

Die Androhung der ewigen Höllenqualen muss in früheren Zeiten unzähligen Menschen allen Seelenfrieden geraubt haben. Sie wurden ihres Lebens nicht mehr froh bei der ständigen Drohung, allzumal ohnehin alle Sünder seien. Man kann sagen, dieses Feuer fraß sie bereits zu Lebzeiten innerlich auf. Heute verfängt diese Drohbotschaft (anstatt Frohbotschaft) immer weniger. Doch Vorsicht! Wie der folgende Fall zeigt, tappen immer noch Menschen in diese Fallgrube und bleiben darin gefangen: Eine Bekannte erzählte mir kürzlich vom Tod ihrer 92-jährigen Mutter. Obwohl mit hohem Alter gesegnet und nunmehr schon lange Zeit schwer krank, habe sie nicht loslassen und gehen können. Immer wieder habe sie von ihrer Angst vor der zu erwartenden Hölle gesprochen – und das obwohl sie nach glaubhafter Aussage ihrer Tochter absolut keinen Grund gehabt habe, sich zu fürchten, denn sie sei ein ungewöhnlich liebevoller, hilfsbereiter Mensch gewesen. Dennoch sei das starke ätzende Gift des Höllenglaubens in ihr Herz geträufelt worden – seit ihrer Kindheit – sodass sie bis zuletzt keinen Trost habe finden können.

*

Einige weitere Dogmen-„Märchen" möchte ich hier noch aufführen:

Die sogenannte „unbefleckte Empfängnis" der Maria durch den heiligen Geist steht ganz oben auf der Liste theologischer Illusionen. Was meint denn dieses Wort „unbefleckt"? Unter einem Fleck verstehen wir in unserer Sprache eine Verschmutzung. Soll demnach die natürliche Vereinigung beider Geschlechter etwas Schmutziges sein? Dann kann die Fantasie der so Denkenden nur schmutzig sein. Jeder vernünftige Mensch weiß: Überall in der Natur findet diese Art der Fortpflanzung statt zur Erhaltung der Art. Sie ist somit von Gott gewollt und auch logischerweise der einzige Weg, um den Seelen den von ihm vorgesehenen Aufenthalt in einem Menschenkörper zu ermöglichen.

13

Damit untrennbar verbunden ist die fiktive Geschichte der angeblich „jungfräulichen Geburt Jesu".

Nach der katholischen Lehre hat die Seele eines Menschen vor diesem Erdenleben noch nicht existiert. Geschlussfolgert wird, dass die Seele erst bei der Zeugung eines Kindes entsteht. Darüber hinaus gilt: Wer an die Präexistenz der Seele glaubt, sei verflucht![5]

Mit der Leugnung der Präexistenz der Seele wird automatisch das Prinzip der Reinkarnation ausgeschlossen. Auch deren Anhänger sind mit einem Bannfluch belegt – seit dem Konzil zu Konstantinopel im Jahre 553. Die Leugnung der Wiederverkörperungslehre hat verheerende Auswirkungen für die ganze Menschheit bis zum heutigen Tag, denn das essenzielle Versprechen des Paulus-Wortes: „Was der Mensch sät, das wird er ernten"[6] wird dadurch unwirksam. Alles dem Menschen widerfahrene Leid schieben die Priester stattdessen einem strafenden Gott zu und nennen dies hämisch „Gottes Geheimnisse". Doch für welches Vergehen dem Menschen überhaupt je „Strafe" widerfährt, bleibt bis heute völlig offen.

Seit Jahrtausenden sehen viele Menschen in allem Leid ein blind wütendes Schicksal oder gar einen blind wütenden Gott. Dass alles Leid vom Verursacher selbst, meist in Vorexistenzen begründet wurde, kann kaum mehr vermittelt werden, je länger der dogmatische Irrglaube die Menschen blendet. Zurecht kann

---

5 Nachzulesen in der Dogmensammlung von Josef Neuner, Heinrich Roos: Der Glaube der Kirche; Friedrich Pustet 1992, Rand Nr. 325
6 Galater 6,7

man wohl sagen, dass vor allem die mutwillige Entfernung des Reinkarnationswissens die Menschheit in völliger Blindheit gehalten hat und weiter hält. Was die vermeintlich heilige, römisch-katholische Kirche hier verbrochen hat, kann daher nur als Werk dämonischer Kräfte betrachtet werden.

Die Aufnahme in das Reich Gottes, also in den Himmel, setzt zwingend die Mitgliedschaft in der katholischen Kirche voraus. Alle übrigen Menschen fallen für alle Ewigkeit dem Fegefeuer anheim[7]. Von diesem einen Erdenleben soll es im Übrigen für alle Ewigkeit geltend abhängen, ob ein Mensch Zutritt zum Himmel hat oder in die Hölle „absteigt".

Das schauerlichste Märchen ist die trickreiche Erfindung der „Absolution". Demnach kann ausschließlich und so auch frei willkürlich nur ein katholischer Priester einen Menschen von seinen Sünden befreien. Es herrscht das anmaßende Gebot oberster Gewalt und Macht der Priesterschaft – natürlich nur Männer! Zur sichtbaren Festigung dieser Verfügungsgewalt brennt angeblich Gott selbst bei der Priesterweihe dem werdenden Priester ein unauslöschliches „Siegel" ein, welches ihn über andere Menschen erhebt und zu „höherem Tun" befähigt, also auch die Absolution zu erteilen.

Diese Lüge von dem vermeintlich göttlichen Siegel und der elitären Handlungsgewalt wird in unserer Zeit schonungslos aufgedeckt. Die im Laufe der Geschichte

7 Aao. Rand Nr. 381

verübten Verbrechen im Namen Christi kommen ans Licht, denn Vergangenheit, die nicht aufgearbeitet wurde, ist immer noch wirksam in der Gegenwart. Der erst seit wenigen Jahrzehnten bekannt gewordene Missbrauch wehrloser Kinder durch vermeintliche Gottesmänner ist Seelenmord, ist ein Verbrechen. Wenn dies alles das „höhere Tun" beinhaltet, dann haben diese Männer wahrlich einen anderen Gott – wie Jesus, sein Wort an den Klerus seiner Zeit gerichtet, sagte: „Ihr seid von dem Vater, dem Teufel, und nach eures Vaters Lust wollt ihr tun."[8] Es hat sich nichts geändert!

Eine weitere Farce ist die „leibliche Himmelfahrt Maria"! Dieses Dogma wurde 1950 in einer apostolischen Konstitution von Papst Pius XII verkündet, der in geradezu neurotischer Weise einen Marienkult betrieben hat. Folgerichtig setzt Maria nun ihr leibliches Dasein fort – vielleicht in Atemnot oder ohne Nahrung? Der Versuch, solche Unlogik auch nur annährend erklären zu wollen, hat wenig Sinn. Dazu schreibt *Gabriele*, die Gottesprophetin: *„Es handelt sich um die Widersprüchlichkeiten päpstlicher Unfehlbarkeiten, die mitunter auch zu logischen Absonderheiten, ja Verrücktheiten führen. Aber gerade das ist ja die Grundlage der katholischen Lehre. Die logische ‚Verrücktheit' kann man als ‚das Absurde' bezeichnen, und in der katholischen Kirche kursiert ja der ‚Glaubenssatz': ‚Credo quia absurdum', also: Ich glaube gerade das logisch Verrückte, das Unwahrscheinliche, das Absurde. Demnach gilt sogar die Widersinnigkeit einer Aussage quasi als Beweis dafür, dass es sich um eine*

8 Johannes 8,44

Art höhere Wahrheit handelt, der unbesehen Glauben und Vertrauen geschenkt werden muss. Daraus ist klar zu entnehmen: Der Verstand darf bezüglich dieser Lehre auf gar keinen Fall angewendet werden."[9]

Ferner liefert die Kirche folgendes Szenario: An einem fernen „Jüngsten Tag" stehen alle Verstorbenen aus ihren Gräbern auf und werden an all ihren Taten (einschließlich aller Gedanken, Gefühle und Worte) gemessen und „gewogen". Dann entscheidet Gott, ob der beurteilte Mensch in den Himmel darf oder als „gewogen und für zu leicht befunden" verdammt wird. Das sogenannte „Jüngste Gericht" ist eine angstmachende Erfindung der Priestergilde. Was für ein entsetzlicher Gott soll das sein, der alle seine von ihm selbst ins Leben gerufenen Kinder, zumal nach nur einem einzigen Erdenleben, in einem einmaligen Gericht aburteilt und dann, je nach Ausgang, eventuell für alle Ewigkeit Höllenqualen aussetzt? Und wozu das strenge Spektakel, wenn ohnehin alle Sünder sind?

Schauen wir uns vor diesem Hintergrund an dieser Stelle „Strafe zu Lebzeiten" genauer an: Gott straft die Menschen – also so gut wie alle, denn die Heiligen sind ja bereits öffentlich ausgemacht – für ihre Sünden? Was ist mit einem herzensguten Menschen, der niemandem je ein Leid zugefügt, im Gegenteil allen immer geholfen hat, wo irgend möglich? Er stirbt vielleicht elend an Lungenkrebs, obwohl er nie geraucht hat. Wofür hat er diese „Strafe" erhalten? „Gottes Geheimnisse"? Die

---

9 Wer sitzt auf dem Stuhl Petri?, Band 2; Verlag Das Wort 2006, S. 209

weit verbreitete Lüge von einem strafenden Gott wird durch die Prophetie der Jetztzeit aufgedeckt. An dieser Stelle verlasse ich einmal die Lehren der christlichen Kirchen von „Gericht", „Strafe" und „Hölle", um einen Blick in den Koran[10] zu werfen, das heilige Buch des Islam. Immerhin leben inzwischen über vier Millionen Moslems in Deutschland, weltweit sind es mehr als eine Milliarde.

Die Sure 1 trägt den Titel „Die Eröffnende", und ihre sieben Verse lauten: „Im Namen Gottes, des Barmherzigen, des Erbarmers. // Das Lob Gott, dem Herrn der Welten, // dem Barmherzigen und dem Erbarmer, // dem Herrscher am Tag des Gerichts. // Dir dienen wir und Dich bitten wir um Hilfe: // Leite uns recht auf dem Weg, dem geraden, // dem Weg derer, die von Deiner Gnade getragen, und nicht dem Weg derer, über die Dein Zorn waltet, und derer, die in die Irre gehen!"

In der Sure 3 lesen wir in Vers 199: „(…) Wahrlich, Gott ist rasend in der Abrechnung."

In der Sure 4 mit dem Titel „Die Frauen" lesen wir in Vers 84: „(…) Gott überragt an Gewalt und überragt an Strafe." Vorher lautet der Vers 14: „Wer sich widersetzt Gott und seinem Gesandten, übertritt die Gebote, den lässt eintreten Er ins Feuer, darin werden sie ewig weilen. Das ist die Strafe, die schmähliche."

Über die Stellung der Frauen findet sich im Vers 3 Folgendes: „(…) heiratet was euch gut ansteht, an

10 Alle folgenden Zitate sind der vollständig neuen Übersetzung von Ahmad Milad Karimi (Herder 2013) entnommen.

Frauen, zwei, drei, vier (…)". Im Vers 34 heißt es: „Die Männer stehen den Frauen vor in Verantwortung, denn Gott hat begnadet die einen vor den anderen. (…) Ehrbare Frauen sind gehorsam (…). Und die, deren Auflehnung ihr fürchtet: ermahnt sie, dann meidet sie im Ehebett, dann schlagt sie!"

Gleich zu Beginn dieser Schrift erscheinen das „Gericht" und der „Zorn" Gottes. Bald folgen ein „rasender" Gott und dessen „Gewalt", „Strafe" und das „ewige Feuer". Das stimmt alles erstaunlich überein mit dem, was die christlichen Kirchen lehren, steht aber in völligem Widerspruch zu zahlreichen anderen Quellen, die in diesem Buch noch zu Wort kommen werden. Was im Koran über die Stellung der Frauen zu lesen ist, steht ebenfalls im vollkommenen Gegensatz zu Jesu Lehre über die Gleichheit aller Menschen. Außerdem sind diese Einlassungen über Frauen unvereinbar mit dem Grundgesetz der Bundesrepublik Deutschland und einigen inzwischen ergangenen Urteilen des Bundesverfassungsgerichtes. Hier ist unser Staat zu größter Wachsamkeit aufgerufen.

*

Als im Jahr 2015 der große Flüchtlingsstrom aus Syrien in unser Land schwappte, war ich mit beteiligt, einer Gruppe von zehn jungen Männern im Alter von 18 bis 28 Jahren die ersten Schritte in die deutsche Sprache zu vermitteln, in Wort und Schrift. Darüber hinaus kenne ich inzwischen zahlreiche weitere Menschen islamischen Glaubens, darunter eine junge kurdische Künstlerfamilie aus Aleppo, die dort vormals eine gesicherte Existenz hatte. Alles liegt nun in Trümmern. Die junge Frau, eine talentierte Kunstmalerin, zeigte mir Fotos, auf denen sie in Uniform und mit Maschinenpistole bewaffnet an einer Straßenecke steht, im Kampf gegen Assad's Soldaten. Sie habe unter der Unterdrückung der Frauen sehr gelitten und fände die Freiheit hier in Deutschland wunderbar, erzählte sie mir freimütig. Als Erstes habe sie das Kopftuch abgelegt und wolle mit Islam und Koran nichts mehr zu tun haben.

Wo immer es sich in einem Gespräch ermöglicht, weise ich vor allem junge Moslems darauf hin, dass die diskriminierenden Aussagen des Korans die Frauen betreffend nicht mit unserem Grundgesetz zu vereinbaren seien und auch nicht mit dem Verständnis der Menschenrechte der Vereinten Nationen. Wer also hier Gastrecht genieße und womöglich dauerhaft hier bleiben wolle, müsse darüber klar Bescheid wissen und diese Grundrechte achten. Diese hätten gegenüber allen religiösen Maßgaben Vorrang.

Es besteht inzwischen eine öffentliche Informiertheit darüber, dass die Menschenrechte mit Füßen getreten werden in Ländern, in denen das islamische Recht die staatlichen Strukturen beherrschen. Auch in unserem Land mussten die Menschenrechte einst mühsam erstritten werden, insbesondere gegen den massiven Widerstand der sich allmächtig wähnenden christlichen Kirchen. Meines Wissens ist bis heute deren Maßgabe an ihre Gläubigen nicht außer Kraft gesetzt, die theologisch begründeten Anweisungen über die Gesetzesvorgaben des Staates zu stellen. Denken wir an das Mittelalter, lebte auch hierzulande derjenige gefährlich, der sich kritisch äußerte gegenüber Klerus, Kirche, Bibel oder gar Gott. Schnell wurde er oder sie der Gotteslästerung bezichtigt und zum Scheiterhaufen geführt.

In manchen Ländern dürfte ich es nicht wagen, Aussagen des Korans, wie oben beschrieben, infrage zu stellen oder gar den Propheten Mohammed. Für gläubige Moslems gilt Mohammed als der größte Prophet – größer als Isa, wie sie Jesus nennen.

Jesu Lehren bezeichne ich persönlich als die höchsten Himmelslehren, die aus dem reinen Sein kamen und kommen. Die hier angeführten Koran-Zitate – und es sind nicht die einzigen – stehen dazu im Widerspruch und können somit nicht von derselben „Höhe" stammen. Doch lässt sich nicht mit Bestimmtheit sagen, ob die Koran-Schrift tatsächlich von Mohammed stammt oder ihm später zugesprochen wurde. Warum soll es bei der Entstehung und späteren Überarbeitungen des Korans nicht zu ähnlichen Ungereimtheiten gekommen sein, wie wir sie von der Bibel her kennen? Die kritische Bibelforschung hat zweifelsfrei nachgewiesen, dass beispielsweise Teile des Alten Testaments fälschlicherweise dem Propheten Mose zugeordnet und bestimmte Aussagen zu „Gottes reinem Wort" erklärt worden sind – wie sie Gott niemals gesagt haben kann. Die Kundgaben in unserer Zeit durch Gabriele bestätigen diese Sachverhalte.

War Mohammed nun ein Mittler des reinen Seins, dessen Botschaften später verändert worden sind, oder kamen seine Botschaften aus etwas niedrigeren Geistbereichen und enthielten von Anfang an sogenanntes „Mischgut"? Wer vermag das heute noch zu beantworten? Der vernunftbegabte Menschenverstand sagt uns, dass die Frau dem Mann weder unter- noch nachgeordnet sein kann, wenn beide Geschlechter von einem Gott der Liebe kommen.

*

Soweit nur einige wenige der Ungeheuerlichkeiten, die zu glauben von vernunftbegabten Menschen heute noch verlangt wird. Das Gesetz von „Saat und Ernte" gleich „Ursache und Wirkung" gleich „Aktion und Reaktion" besagt, dass alles, was dem Menschen widerfährt – Schönes wie Schmerzliches –, er selbst (!) durch sein Handeln wider die Natur und Gottes Gesetze[11] missachtend verursacht hat, zumeist in Vorinkarnationen, also früheren Existenzen. Begonnen hat dieser zyklische Verlauf im Übrigen mit dem „großen Fall", auch als sogenannter „Sturz der Engel" bekannt.

---

11 Es gibt eine Fülle an Literatur dazu, besonders von *Gabriele* im Verlag Das Wort erschienene Titel oder auch „Was der Mensch sät, das wird er ernten" von Adam Fischer, tao.de 2017

Das Jüngste Gericht

Noch einmal komme ich auf das sogenannte Jüngste Gericht zurück: Diese Lehre ist eine angstmachende Drohung und soll die Menschen an die Kirche als allein selig machende Organisation binden. Dadurch wurden und werden sie an den Klerus gepfercht und von ihm abhängig, nach dem Grundsatz: Seht, nur wir Priester können euch zur ewigen Seligkeit verhelfen, dazu müsst ihr euch uns unterwerfen und in allem gehorsam sein! Dieser priesterliche Machtmissbrauch wurde bereits im Alten Testament fest-geschrieben. Im 5. Buch Mose 17,12 ist zu lesen: „Wer dem Priester nicht gehorcht, soll des Todes sterben." Hier wurden dem Gottespropheten Moses Worte untergeschoben – angeblich Gottes reines Wort –, die dieser aber niemals gesagt haben kann. Gott ist ein Gott der Freiheit und der Liebe, wie immer wieder betont wird. Dieses Unterdrückungssystem hat jahrhundertelang in Allianz mit den Mächtigen dieser Welt funktioniert. Doch diese Periode neigt sich ihrem Ende zu ...

Weil die Vorstellung von einem strafenden Gott tief in den Köpfen festsitzt, und weil diese Lüge mit dem eigentlichen Thema dieser Schrift „Lebensrücklauf" eng verknüpft ist, muss hierzu an dieser Stelle vorweg einiges richtig gestellt werden: In dem Buch „Die kirchliche und staatliche Gewalt und die Gerechtigkeit Gottes" ist zu lesen: „Spätestens nach dem Leibestod setzt

Gottes Gerechtigkeit ein, die im Gesetz von Saat und Ernte wirksam ist. Die Gravur (in der Seele) wird nach und nach offenbar. Im Seelenreich gibt es keine Richter und keine Gerichte, jede Seele bringt ihr Für und Wider, ihr Gericht selbst mit. Gemäß den Werken des Menschen, gemäß den Inhalten seiner Gedanken, Worte und Handlungen wird die Seele gewogen, gemessen und entsprechend befunden. Dazu bedarf es keines Richters. Jeder ist sein eigener Richter."[12]

Zu der Autorin *Gabriele* ist folgendes zu sagen: Sie ist die Botschafterin Gottes in dieser Zeit. Ich selbst habe an zahlreichen Verkündungen solcher Botschaften aus dem Himmel, bei denen Gabriele als Mittlerin diente, persönlich teilgenommen und weiß, wovon und worüber ich rede. Ich habe es nicht vom Hörensagen, nicht aus zweiter Hand. Mir ist wohl bewusst, dass vermutlich die überwiegende Mehrheit der Leser dieses Buches eine solche Möglichkeit der direkten Verbindung zwischen der geistigen Welt und einem Menschen für Fantasterei halten wird. Ja, mancher mag es gar als Zumutung empfinden, was ihm hier vorgesetzt wird. Wenn Sie so denken, legen Sie diese Lektüre getrost beiseite. Es liegt mir vollkommen fern, Sie zu missionieren. Lediglich für unvoreingenommene Leser ist dies als Information gedacht. Letztlich habe ich in den vergangenen Jahrzehnten immer wieder feststellen müssen, dass noch jede ablehnende Haltung auf völliger Unkenntnis beruht. Die meisten Menschen haben keinerlei Kenntnis von den hier besprochenen prophe-

12 Gabriele, Verlag das Wort 2016, S. 53

tischen Wahrheiten und wollen sich auch nicht informieren, weil sie von vornherein bereits zu wissen meinen: Das ist doch alles Schwindel! Interessierte Leser verweise ich ungeachtet dessen auf mein Buch „Was der Mensch sät, das wird er ernten", in dem sie eine langsame und schrittweise Hinführung zu der mit den äußeren Sinnen nicht fassbaren und über den kognitiven Weg auch nicht zugänglichen geistigen Welt finden werden.

Beim Thema Ablehnung möchte ich folgend auch auf den beispiellosen Kampf der beiden Großsekten – katholisch und lutherisch – gegen die heutige Prophetie und ihre Botschafterin hinweisen, der medienwirksam in die Öffentlichkeit getragen wurde und in vielen Köpfen Wirkung gezeigt hat. Viele Menschen glauben immer noch, Priester und Pfarrer seien die einzigen Garanten für Wahrheit und Ehrlichkeit. Ein großer Trugschluss! Selbstverständlich gilt dies nicht pauschal für alle, aber für die Organisationen als Ganzes. Die Priesterreligionen waren zu allen Zeiten die Feinde der Propheten und damit der Wahrheit. Das war im Alten Testament so, das war bei Jesus so und ebenso in den vergangenen 2000 Jahren, bis auf den heutigen Tag.

Gruseliges ist dazu zu lesen in den Werken des deutschen Religions- und Kirchenkritikers Karl-Heinz Deschner, der zahlreiche Tatsachenberichte zur Prophetenverfolgung ans Tageslicht beförderte. Aber auch in „Das Kettenopfer"[13] ist das tragische Schicksal

13 Matthias Holzbauer, Dieter Potzel, Alfred Schulte; Verlag Das Wort 2018

vieler Propheten dokumentiert. Es handelt sich bei dieser Art von „Krieg" in Wahrheit um den Kampf der Finsternis gegen das Licht - den Kampf der alten Schlange.

Was sich in unserer Zeit heute tatsächlich ereignet, wird erst für den Eingeweihten erkennbar, der tiefer in dieses Geschehen eintaucht. Seit nunmehr 45 Jahren strömt die Wahrheit aus dem Himmel zu den Menschen, so wie es von Jesus angekündigt wurde: „Ich habe euch noch viel zu sagen (…)"[14] Seit 33 Jahre darf ich selbst an diesem Geschehen teilhaben. Zeit genug, um alles Für und Wider abzuwägen. Seit Abraham, seit 4000 Jahren, fließt der göttliche Strom über zahlreiche Wortträger Gottes und erlebt in unserer Zeit einen noch nie dagewesenen Höhepunkt. Zum ersten Mal in seiner 4000-jährigen Geschichte dringt dieser Strom – unverfälscht durch den Lügengriffel priesterlicher Institutionen – in noch nie dagewesener Fülle zur Erde durch und erreicht inzwischen Millionen Menschen auf allen Kontinenten dieses Planeten. Zum ersten Mal müssen die dem „Baalskult"[15] dienenden Religions-Konglomerate zuschauen, wie sie trotz Aufbietung aller ihrer gegnerischen Möglichkeiten die Wahrheit nicht mehr verhindern können. Ihre Macht schwindet zusehend ...

Sinngemäß ähnlich wie oben *Gabriele* äußert sich der Geistlehrer Josef in seinem Vortrag vom 15. August 1953 durch das Schweizer Medium Beatrice Brunner:

14 Johannes 16,12)
15 Baal – synonym als Name für eine Reihe von Lokalgottheiten, die die Israeliten (AT) anbeteten.

„Wieviel leichter ist es doch, ein Leiden zu tragen, wenn der Betreffende weiß, dass er es selbst verschuldet hat, was er selbst einmal einem Mitmenschen zugefügt hat. Darum hat Christus die Worte gesprochen: ‚Jeder trägt seinen Richter mit sich.‘ Und dieser Richter in euch selbst sorgt peinlich genau für die Erfüllung seines Urteils an euch (…) In solchen Prüfungen aber steht mancher Mensch näher bei Gott. Und wie viele haben schon den Weg zu Gott durch Leid und Not gefunden. Wenn sich aber in so vielen Gemeinschaften der Mensch in seinem Leid nur mit Bibelsprüchen abfinden muss, die er nicht versteht, so suchen wir ihn über all diese Dinge aufzuklären.“[16] Und weiter: „Es genügt nicht, einem Menschen zu sagen: ‚es ist nun so, du musst nun eben als armseliger oder kranker Mensch durchs Leben gehen.‘ Das ist kein Trost. Man muss dem Einzelnen erklären können, dass er als sein eigener Richter selbst das Urteil gesprochen hat, dass hinter allem ein eigenes Verschulden als Ursache dieser Auswirkung steht. Dann wird er sein Leiden besser ertragen, wenn er weiß, dass damit keine Ungerechtigkeit an ihm sich vollzieht (…)“[17]

Geistlehrer Josef spricht hier eindeutig das bereits erwähnte Gesetz von Ursache und Wirkung an und meint damit, dass alles den Menschen treffende Leid keine Strafe Gottes, sondern eben in diesem Kausalgesetz begründet ist. Wir können sicher sein, dass nicht das Geringste ohne Grund geschieht. In allem wirkt

16 Beatrice Brunner: Geistige Welt 1953, Verlag Pro Beatrice (vergriffen); S. 254)
17 Aao. S. 255

Gottes unbestechliche Gerechtigkeit. Beatrice Brunner diente der geistigen Welt 35 Jahre lang als Sprachrohr, bis zu ihrem Tode. Nach umfangreichen Vergleichen mit anderen Kundgaben, besonders mit den Offenbarungen in unserer Zeit durch Gabriele, bin ich zu dem Schluss gekommen, dass der sich mitteilende Geist Josef das reine Sein, also den Himmel noch nicht erlangt hat, aber sehr wohl aus den oberen Bereichen der jenseitigen Aufstiegsebenen spricht.18

Liebe Leser, hier wird von Geistlehrern gesprochen, von Kundgaben, Prophetie oder Offenbarungen aus einer anderen, geistigen oder jenseitigen Welt. Viele Menschen können daran nicht glauben und haben Zweifel, weil sich die geistige Welt unseren Sinnen und unserer physisch-menschlichen Erfahrungsform völlig entzieht. Um dennoch an ihre Existenz glauben zu können, muss der Mensch eine gewisse innere Bereitschaft mitbringen. Manchen erschließt sich diese Welt erst durch einen Schicksalsschlag, über „Leid", wie Josef es nannte. Andere wieder haben bereits eine solch wache Seele in dieses Leben mitgebracht, dass es nur noch eines kleinen Anstoßes bedarf. Jeder wird auf die ihm angemessene Weise geführt. Bei den allermeisten jedenfalls bedarf es dieser Anregung von außen, mal ganz heftig, mal ganz zart. Wir werden also indirekt vom Geist geführt. Nur in ganz seltenen Fällen bricht sich das innere Licht im Menschen selbstständig die Bahn – so beispielsweise bei *Gabriele*.

---

18 Geistige Botschaften könne durch verschiedene Medien übermittelt werden.

Für mich bildete das Buch „Der Verkehr mit der Geisterwelt Gottes" von Johannes Greber den Einstieg für das Verständnis dieser anderen Welt. In der Originalausgabe von 1932 schreibt er sinngemäß Folgendes: Er war aufgefordert worden, an einer spiritistischen Versammlung im Hunsrück teilzunehmen, wo er als katholischer Pfarrer tätig war. Doch er lehnte ab mit der Begründung, wenn das bekannt würde, könnte das seinem beruflichen Ansehen schaden. Erneut wurde er dazu aufgefordert, mit dem Hinweis, er müsste sich von Amts wegen ein Bild von dem Geschehen machen, auch würde alles so ablaufen, dass nichts nach draußen dränge. So willigte er schließlich ein, aber mehr in der Absicht, das Ganze als Schwindel zu entlarven. Für die Zusammenkunft hatte er sich Fragen ausgedacht und auf einen Zettel geschrieben. Bei der abendlichen Sitzung richtete der wortführende Geist über ein damals 16-jähriges Medium das Wort an Greber, in etwa so: „Und jetzt bist du an der Reihe, Fragen zu stellen. Ich werde sie dir beantworten, soweit ich es darf. Du hast dir ja eine Reihe von Fragen aufgeschrieben, die du mir vorlegen wolltest. Nimm den Zettel mit den Fragen, den du bei dir trägst."

Die Anwesenden hatten Greber erstaunt angesehen, denn niemand war in Kenntnis von diesem Zettel gewesen. Er trug seine Fragen vor und erhielt Antworten, die ihn selbst in größtes Erstaunen versetzten, u. a. über Fälschungen in der Bibel. Alles wäre ihm schlüssig erschienen, sodass seine anfänglichen Zweifel schwanden.

Dieses Beispiel zeigt, wie der jenseitigen Welt nichts verborgen bleibt. Der jenseitige Geist wusste um die Aufzeichnungen Grebers. Mir sind noch andere ähnliche Fälle bekannt, die bezeugt sind, weil sie miterlebt wurden von zahlreichen Menschen, sodass keine Zweifel daran bestehen. Grebers Schilderungen waren für mich die erste Begegnung mit dieser anderen Welt und hatten mich damals in größtes Erstaunen versetzt.

Zum „strafenden Gott" äußert sich auch der Schweizer Architekt Stefan von Jankovich in seinem Buch „Ich war klinisch tot". Es ist einzigartig und hochinteressant, dass er während des Lebensrücklaufes den vorhin erwähnten eigenen Richter in sich selbst wahrnehmen konnte: „Meine Seele bzw. mein Gewissen war ein sensibles Gerät. Es wertete mein Handeln und meine Gedanken sofort aus und beurteilte mich selbst, ob diese oder jene Tat gut oder schlecht gewesen war. (…) Nach jahrelangem Nachdenken erkannte ich, dass sich hier die wunderbare Göttliche Gerechtigkeit manifestiert und so mit dem Grundprinzip der Welten übereinstimmt."[19]

Umfangreiche Mitteilungen zu diesem Thema des strafenden Gottes finden sich auch in dem Buch „Das Dritte Testament"[20]. Dieses Buch ist eine umfängliche Zusammenfassung des mexikanischen Offenbarungswerkes „Libro de la Vida Verdadera" (Buch des wahren Lebens) von Ernesto Enkerlin. In dem zwölfbändigen Gesamtwerk sind Kundgaben gesammelt, die von der

19 Drei Eichen Verlag 2011, S. 57ff.
20 Reichel Verlag 2001

geistigen Welt über einen längeren Zeitraum durch berufene Stimmträger gegeben wurden. Auf diese Tatsache, dass jene andere Welt sich der diesseitigen Welt sehr wohl mitteilen kann, wurde schon ausführlich eingegangen. Die von der katholischen wie lutherischen Kirche verbreitete Behauptung, dies sei alles „niederer Spiritismus" – den es zweifellos auch gibt –, ist hier eine bewusste Irreführung, um nicht zu sagen, eine Lüge. In diesem Werk heißt es nämlich: „(…) *ich richte euch nicht, das ist falsch, (…) und dass ihr das, was ihr auf dieser Erde gesät habt, auch ernten müsst, (…) das Jüngste Gericht, wie es die Menschheit gedeutet hat, ist ein Irrtum (…) Aber ich sage euch auch dies, dass ihr bei eurem Gericht eure eigenen Richter sein werdet; denn euer Gewissen, eure Selbsterkenntnis und Intuition werden euch sagen, bis zu welchem Punkt ihr lobenswert seid und in welcher geistigen Heimat ihr wohnen müsst."*[21]

Soweit einige Stimmen, die alle in einem wesentlichen Punkt übereinstimmen: Einen strafenden Gott gibt es nicht und damit kein Jüngstes Gericht an einem letzten fernen Tag. Alle diese abscheulichen, Angst machenden Höllenerfindungen werden in unserer Zeit endgültig durch das prophetische Wort als Lügen entlarvt! Wie eingangs erwähnt, wird die Menschheit heute gemäß dem Wort Jesu in Johannes 16,12–13 in alle Wahrheit geführt. Doch wieder geschieht das Gleiche wie bei allen früheren Propheten, einschließlich Jesu: Die Masse erkennt das Geschehen nicht, und die

21 Aao. S 261

Priesterschaften unternehmen alles, um die Wahrheit erneut zu verhindern.

Wenn es nun dieses ferne Jüngste Gericht nicht gibt und auch keinen Gott, der seine „Kinder" straft, wie vollzieht sich dann die weitere Entwicklung der Seele auf ihrem Weg in ihre ewige Heimat? In dem Buch „Die Seele auf ihrem Weg zur Vollendung" gibt der Christus Gottes durch seine Botschafterin Gabriele hierzu umfassende Aufklärung. In allen Einzelheiten – soweit unser dreidimensionaler Denkapparat es erfassen kann – beschreibt er diesen Aufstieg der Seele zur Vollendung. Nirgendwo in diesen Aufstiegsbereichen gibt es Bestrafungen. Der hier gegebenenfalls wirksam werdende Seelenschmerz ist nur die Wirkung aufgrund von Ursachen des Menschen in einstigen, verflossenen Erdenleben. Das Bemühen Gottes zahlloser Helfer um die aufsteigenden Seelen ist ausschließlich getragen von Gottes Liebe. Es gibt keinen Zwang, stets wird der freie Wille geachtet.

Welch eine befreiende, hoffnungsvolle Botschaft! Keine Bestrafungen, keine ewigen Höllenqualen, stattdessen am Ende des Aufstieg die Vollendung. Dann geht unsere Seele, die nun wieder zum vollkommenen, reinen Geistwesen – einem Engel – geworden ist, in ihre ewige Heimat ein. Dort wird sie von ihrer geistigen Familie und vermutlich bereits von ihrem Geistdual sehnsüchtig erwartet. Dies gilt ohne Ausnahme für alle Gefallenen, also für Verbrecher, Folterer, Mörder. Allerdings sei gesagt, dass dieser Aufstieg für stark belastete Seelen kein leichter Gang ist. Wenn die in früheren Erdenleben gesetzten Ursachen nach bestimmten kosmischen Gesetzen zur Wirkung gelangen, dann erleiden die Seelen an ihrem eigenen derzeitigen Menschenleib die Schmerzen, die sie früher anderen Menschen zufügt haben. Hier kommt über das Kausalgesetz Gottes Gerechtigkeit zum Tragen: Alles muss zurückgezahlt werden. Es ist aber keine Strafe Gottes, denn der Mensch hat es sich selbst zugefügt.

„Der Mensch braucht eine umfassende Ganzheitsschau (…) Das Leben als Ganzes zu betrachten, das Vorher und das Nachher, nimmt dem, der sich nicht auf eine äußere Religion stützt, sondern auf die Wahrheit, und sein Leben von dieser Warte aus betrachtet, die Angst vor dem Tod. Er weiß, was Sterben bedeutet und dass Sterben nur ein Übergang in ein höheres, lichteres und beschwingteres Leben ist, dann, wenn der Mensch wahrhaft – das heißt bewusst – gelebt hat."[22]

22 Gabriele: Das Leben und Sterben, um weiterzuleben; Verlag Das Wort 2016, S.144

Wie es mir erging

Diese Worte Gabrieles haben sich in meinem Leben bewahrheitet: Erst nachdem mich im Alter von 43 Jahren alle Kräfte verlassen hatten, aber keine medizinischen Ursachen für meinen „kranken Zustand" gefunden wurden, begab ich mich auf die Sinnsuche. Zwar war mir schon vorher wohl bewusst gewesen, dass alles Existierende nicht aus dem Nichts entstanden sein konnte, ich war dem aber nicht weiter nachgegangen. Doch nun, da ich mein „Lebensende" kommen sah, wurde diese Frage mit einmal drängend: *War das nun alles gewesen? Geboren werden, um dann zu sterben? Welchen Sinn soll das haben?*

Ohne ein Leben nach dem Sterben
bleibt dieses Leben
ein phantastisches Chaos,
die Erde ein unbegreifliches Massengrab
und unser Geborensein ein Verbrechen,
auf das die Todesstrafe gesetzt ist.
Verstanden werden kann das Leben
nur im Lichte der Ewigkeit.

Carl-Ludwig Schleich, Arzt und Schriftsteller (1859–1922)

Damals wurde ich von einem unwiderstehlichen inneren Drang beflügelt, der Frage nachzugehen: Warum das alles? Es war erstaunlich: In kleinen Portionen, so wie ich es gerade zu verstehen oder aufzunehmen vermochte, flossen mir Informationen zu über ungewöhnliche Phänomene, die mit den menschlichen Sinnen nicht wahrnehmbar sind und von denen ich bis dahin noch nie gehört hatte – so, wie die Geschichte mit dem Zettel bei Johannes Greber. Ich kam nicht mehr aus dem Staunen heraus! Meine Suche zog sich über einige Jahre hin. Dann erhielt ich die Information, dass allerhöchste Wesen des Seins würde in unserer gegenwärtigen Zeit durch ein Medium wieder zu den Menschen reden! Wäre ich in den zurückliegenden Jahren nicht auf eine solche Möglichkeit vorbereitet worden, hätte ich dieser Auskunft vermutlich keine Bedeutung beigemessen, ja, sie womöglich für Unsinn erklärt oder gar als Schwindel abgetan. Doch nun zeigte es sich, dass eben diese vergangenen Jahre nichts anderes bezweckt hatten, als mich auf dieses gewaltige, für Menschenverstand eigentlich unfassbare Geschehen systematisch vorzubereiten.

Zu Ostern 1987 hörte ich durch Gottes Botschafterin *Gabriele* zum ersten Mal eine Offenbarung, gegeben durch Gott-Vater, heute auch als Vater-Mutter-Gott bezeichnet. Mir wurde bald bewusst, woran ich da gerade teilnehmen durfte. Hier sprach jemand mit Vollmacht und Souveränität. Es war so, wie es durch Jesus überliefert ist: Er sprach mit Vollmacht und nicht wie die Schriftgelehrten. Ich las Schriften von *Gabriele*, hörte einige weitere Offenbarungen aus dem ewigen Sein und mit einem Mal war alle Suche beendet. Alle Antworten auf die großen Fragen waren für mich gegeben, in sich logisch und schlüssig.

Als ich den gewaltigen Errettungs- und Heimholungsplan des Allgeistes für alle seine gefallenen Kinder erfasst hatte – soweit ich dies überhaupt vermochte –, war ich von einem tiefen, inneren Glück erfüllt, das auf dieser Welt vergeblich gesucht wird: Umfassend wird die Menschheit informiert über das Gesamtgeschehen, beginnend bei dem Engelsturz über unseren Auszug aus dem reinen Sein vorzeiten, wofür es kein Maß gibt, bis zum Wiedereinzug in das „Reich Gottes". Das Erdendasein, das der Mensch meist als sein „Leben" bezeichnet, stellt auf dieser langen Reise nur einen Augenblick dar. Dabei taucht die Seele gewissermaßen in die Materie ein, doch der Mensch kennt nichts anderes als diese Materie. Dass auch andere Seins-Formen existieren, entzieht sich seinem, auf die Dreidimensionalität herunter transformierten, materiellen Denkapparat. So hält er diese, seine derzeitige Daseins-Form, für die einzig denkbare – ein großer Trugschluss!

Über die Seele hat sich im Laufe des Falls zunehmend der Schleier des Vergessens ausgebreitet. Sie selbst weiß nichts mehr von ihrer Herkunft und ihrer wahren Heimat – der Mensch noch viel weniger. Er weiß noch nicht einmal mehr etwas über sein letztes, vorangegangenes Erdenleben. Die Aussagen hierzu durch die Prophetie der Jetztzeit sind eindeutig. Doch materialistisch gesinnte Menschen können damit nichts anfangen. Sie würden sich sehr wundern darüber, was Dieter Hassler in seinen zwei Büchern „Indizienbeweise für ein Leben nach dem Tod und die Wiedergeburt"23 in wissenschaftlicher Akribie zusammengetragen hat.

Zu der weit verbreiteten atheistischen Weltsicht möchte ich hier nur so viel sagen, dass sie nichts weiter als eine Menschenmeinung darstellt, die zu einem Glaubenssatz erhoben wird, aber durch nichts zu beweisen ist. Eine Meinung besagt immer, dass wir es nicht genau wissen. Unsere Meinung, die wir als Wahrheit ansehen, ist meist ein Denkvorgang unsererseits, ein Denkschema, etwas, das wir uns ausgedacht haben und das für uns logisch erscheint. Das stellen wir dann als unsere Meinung hin. Da aber eine Meinung von Nichtwissen Zeugnis gibt, kann sie durchaus unwahr sein.

Diese Schrift befasst sich bevorzugt mit der Frage: Warum dieser Lebensrücklauf? Wie eingangs erwähnt, bildet er nur einen winzigen Aspekt in einem gigantischen Geschehen. Wozu soll er dann überhaupt nützlich sein? Einfach nur eine Spielerei der Natur? Eine Zufallserscheinung?

23 Shaker Media 2011 und 2015

Nichts geschieht grundlos

In der dem Menschen zugänglichen Natur ist überall eine Ordnung zu beobachten, die wir Naturgesetze nennen. Aus welchem Grund sollte sich dies nur auf das dem Menschen Zugängliche beschränken? Der Lebensrücklauf scheint Teil dieser Ordnung zu sein. Warum sonst stimmen die Berichte fast aller Betroffenen überein? Zufall kann somit ausgeschlossen werden. Um diesen Sinn zu verstehen, muss der Gesamtzusammenhang verstanden werden. Aus dem heiligen Buch der Kirchen-Christen kann der aber nicht abgeleitet werden. Wäre das anders, dann gäbe es nicht so viele sich christlich nennende Gruppierungen mit unterschiedlichen Ansichten und Aussagen zu diesen Grundfragen.

Die extremste Ansicht wurde mir persönlich von einem evangelischen Theologen, Pfarrer und Doktor der Theologie vorgetragen. Für mich war sie derart umwerfend, dass ich sie dem Leser nicht vorenthalten möchte: Nach dem Tode existiere von uns nichts mehr. Der Körper zerfalle in seine atomaren Bestandteile, die wieder der Erde zugeführt würden. Ein Weiteres existiere nicht! Eine Seele gebe es nicht und damit auch keine geistige Welt. Alle gegenteiligen Vorstellungen mögen für manche Menschen lediglich tröstende Bedeutung haben, wo sie ihre Angehörigen aufgehoben wüssten. Am Jüngsten Tag aber erwecke Gott alle wieder körperlich mit „Haut und Haaren" zum Leben. Dann beginne das Gericht.

Diese umwerfende „Logik" und das dahinterstehende entsetzliche Gottesbild, hatten mich damals (vor mehr als 30 Jahren) so getroffen, dass ich sprachlos war. Es war die von *Gabriele* beschriebene „absurde Logik". Braucht man sich angesichts solcher Kirchenlehren noch zu wundern, dass immer mehr Menschen sich von den Kirchen abwenden? In sich logisch und schlüssig muss alles schon sein. Welches Chaos entstünde sonst! Logisch ist die Aussage: Jeder Wirkung geht eine Ursache voraus! In den Naturwissenschaften ist dies unstrittig. Durch die Prophetie der Jetztzeit wissen wir heute um die universelle Gültigkeit dieses Gesetzes, das auch als Kausalgesetz bekannt ist: Was der Mensch sät, das wird er ernten. Die Allgemeingültigkeit dieses Gesetzes schließt den Zufall aus. Für uns Menschen bedeutet dies ein völliges Umdenken: Uns geschieht nichts zufällig. Auf das differenzierte Wirken dieses Gesetzes kann hier wegen der immanenten Vielschichtigkeit nicht näher eingegangen werden. Leichter zu durchschauen und zu verstehen sind für uns Menschen dagegen viele Vorgänge in der belebten Natur, also im rein materiellen Bereich. Viele Gesetze sind hier inzwischen erforscht und bekannt, so beispielsweise das in der Natur zu beobachtende Prinzip, mit einem Minimum an Aufwand ein Maximum zu erreichen. Anders ausgedrückt: Die Natur tut nichts Unnötiges!

An einem konkreten Beispiel möchte ich dies verdeutlichen: Gelegentlich finden sich im Wald halb verwitterte oder nach einem Feuer nur teilweise verbrannte oder angebrannte Reste von Tierknochen. Bei genauer Betrachtung lässt sich Folgendes beobachten: Der Knochen besteht nicht durchweg aus einem homogenen Material, sondern ist aus einem rippenartigen Gerüst aufgebaut, das dem Feuer oder der Verwitterung stärkeren Widerstand leistet. Zwischen diesen Rippen sind Hohlräume zu beobachten, die Feuer oder Witterung weniger standhalten. Wie kommt es zu diesen offensichtlich unterschiedlichen Materialien bzw. deren Festigkeit? Wissenschaftliche Untersuchungen führten zu folgenden Erkenntnissen: Jeder Knochen wird gemäß seiner Funktion durch die Lagerung in den Gelenken und die in den Sehnensträngen wirkenden Muskelkräfte in ganz bestimmter Weise mechanisch beansprucht, und zwar durch Axialkräfte und Biegemomente. Diese äußeren Beanspruchungen erzeugen im Inneren des Knochens ganz bestimmte mechanische Spannungsverläufe. In der Statik werden sie Hauptspannungstrajektorien genannt. Und nun kommt das nahezu Unfassbare, wo der Menschenverstand sich fragt, wie so etwas möglich ist: Dieses rippenartige Gerüst des Knochens folgt genau diesen Hauptspannungsverläufen, also den stärksten Beanspruchungen. Es ist somit nicht beliebig oder ziellos angeordnet, sondern folgt klar den Naturgesetzen. Es bildet in optimaler Weise das Haupttragegerüst des Knochens. Das Knochenmaterial dieses Tragegerüstes ist wesentlich dichter und tragfähiger und damit belastbarer als das Material, mit dem die Zwischenräume ausgefüllt sind. Dieses Füllmaterial hat geringere Dichte und setzt Witterung und Feuer geringeren Widerstand entgegen, deshalb auch die zu beobachtenden Hohlräume. Geringere Dichte bedeutet geringeres Gewicht. Dieses Füllmaterial nimmt prozentual ein wesentlich größeres Volumen ein als das tragende Gerüst. Damit hat der Knochen ein wesentlich geringeres Gesamtgewicht, als wäre er durchgehend aus dem schwereren Material des tragenden Gerüstes aufgebaut. Nochmals frage ich: Wie ist so etwas möglich? Für mich wird hier eine alles durchdringende überragende Intelligenz erkennbar. Die Menschen nennen das Ganze „evolutiver Prozess". Doch das ist nur ein Wort, welches das Warum und Woher nicht wirklich erklärt.

Die gleiche grandiose Ordnung, wie sie hier im materiellen Bereich erkennbar wurde, setzt sich im Nichtmateriellen fort: Wovon die Menschen berichten, die aus dem klinisch toten Zustand zurückgeholt wurden, unterliegt alles einer festen Ordnung – zu sehr ähneln sich die Berichte. Verlässt die Seele nach Zerreißen der sogenannten „Silberschnur" den materiellen Körper endgültig, dann geht sie in die jenseitigen Bereiche zurück, die seit Jesu Erlösertat zu Aufstiegsbereichen geworden sind. Bekannt wurde dies alles erst in den vergangenen etwa 40 Jahren durch die heutige Prophetie. Sogleich nach ihrer Ankunft wird die Seele von lichten Wesen im Auftrag Gottes liebevoll empfangen. Nicht immer können die gerade angekommenen Seelen diese Wesen als solche erkennen, sondern sie nehmen diese nur als wohltuende Lichtstrahlung wahr. In dem Buch „Die Seele auf ihrem Weg zur Vollendung" wird die in diesen Bereichen herrschende Ordnung erkennbar.

Endloses Bewusstsein

Der holländische Arzt und Kardiologe Pim van Lommel kommt nach jahrelanger Beschäftigung mit den Erlebnis-Aussagen zahlreicher seiner Patienten zu der gewaltigen Erkenntnis, dass unser Bewusstsein nicht an ein funktionierendes Gehirn gebunden ist. Für einen Wissenschaftler ist das eine mutige Aussage, entsprechend viele Gegner hat er sich eingehandelt. Nach seinem Dafürhalten existieren wir – oder etwas von uns – nach dem Tod ohne den materiellen Körper weiter. Doch was ist „Es", das da weiter existiert? Die Frage, was denn dieses zunächst unbestimmbare „Etwas" ausmacht, wird von den Naturwissenschaften bislang unter den Teppich gekehrt. Sie betreten nicht den Bereich, der mit ihrer Methode des „Messens und Wiegens" nicht greifbar wäre. Wenn sie sich darauf einließen, so hörte ich es von einem ihrer Vertreter, wäre ihr berufliches Ansehen beschädigt. Deshalb muss der Schritt von Herrn von Lommel als sehr mutig angesehen werden.

Was ist es nun, was uns ausmacht, sozusagen der innerste Kern, das Wesentliche? Es wird als Bewusstsein bezeichnet: *Ich bin mir meiner Existenz bewusst. Ich existiere! Ich bin ein bewusst handelndes Wesen. Ich treffe bewusst Entscheidungen für oder gegen etwas.*

Woher soll der Mensch aber nun wissen, dass dies nicht nur eine bloße Denkfunktion seines Gehirns ist?

Wie könnte er von sich aus darauf kommen, dass viel mehr dahintersteckt? Wenn Naturwissenschaftler ihre Finger von dieser Frage lassen, so ist dies durchaus verständlich, denn ihre Methoden versagen hier. Ganz offensichtlich ist diese Frage nur indirekt zu beantworten. Nur so sind die Antworten von van Lommel zu verstehen: Es sind starke Indizien, die nicht mit einem Handstreich abgetan werden können.

Doch in Wahrheit ist es nichts Neues. Erleuchtete Menschen wussten zu allen Zeiten um die Unvergänglichkeit unseres „höheren Selbst", wie es auch genannt wird. Van Lommel nimmt in seinem Buch auch Stellung zu den kritischen Stimmen, die keine Indizien sehen wollen, sondern von Halluzinationen reden. Er sagt, wie könnte es eine Sinnestäuschung sein, wenn die wiederbelebten Menschen etwas berichteten, was genau den Tatsachen entspräche – was im Übrigen von zahlreichen Anwesenden bezeugt worden wäre. Allerdings klingen die Berichte der reanimierten Personen durchaus fiktional: Sie wären „durch Wände gegangen" und keine Materie hätte für sie in diesem Zustand ein Hindernis dargestellt. Es klingt wie ein Spuk: Sie berichteten detailgetreu, was im Nebenraum geschehen wäre, während doch ihr Körper im Bett lag. Wenn es sich dabei nur um einen Einzelfall gehandelt hätte, wären schon Zweifel angebracht gewesen. Aber es war ein Massen-Phänomen! Waren die Zeugen in dieser Masse gerade zu diesem Zeitpunkt des Geschehens etwa alle hypnotisiert? Zugegeben, es ist herausfordernd, doch diese Ereignisse sind realistisch, und bis heute gibt es dieser Art Fallberichte überall auf der Welt. Was sollte da noch alles aufgetischt werden, nur um sie unglaubwürdig erscheinen zu lassen? Es hat sie immer gegeben, die „ungläubigen Thomasse", und es wird sie weiter geben.

Denken wir nur von unserem dreidimensional funktionierenden, aus materiellen Atomen aufgebauten Denkapparat her, dann können wir diese Menschen irgendwie verstehen. Dann kann es aus unserer Sicht nicht sein, dass die Wiederbelebten die Wahrheit berichteten. Unser Denkapparat gleicht bei unserer Geburt einem unbenutzten Computer, auf dem noch keine Software installiert ist. Das anfänglich „leere" Gehirn wird mit nichts anderem gefüllt als den täglichen Erfahrungen, die langsam angesammelt werden. Diese gehören aber ausnahmslos dieser materiellen Welt an, daher kann ein Menschenhirn niemals von selbst über höhere Dimensionen und transzendente Welten etwas wissen. Ihm wurden schlichtweg keinerlei Informationen dazu eingegeben.

Auch keiner unserer menschlichen Sinne ist befähigt, in diese Bereiche vorzudringen. Doch gab und gibt es immer wieder mediale oder „hellsichtige Menschen"[24], besonders Frauen. Sie „sehen" beispielsweise den Geistleib eines Verstorbenen plötzlich im Zimmer stehen, wenn dieser sich aufgrund irgendeines Anlasses zeigt.

---

24 Menschen, die entfernt stattfindende oder zukünftige Ereignisse bzw. Dinge im unsichtbaren Bereich wahrnehmen, die außerhalb jeder normalen Sinneswahrnehmung liegen, oder auch subtilere Zustände erfassen können.

Mir ist persönlich ein Fall detailliert bekannt, in dem sich bei einem überzeugten Materialisten und Atheisten durch das eigene konkrete Erleben des hellseherischen Phänomens – unbestreitbare Tatsachen kamen ans Tageslicht – eine innere Wandlung seiner Perspektive vollzog. Bei manchen Menschen bedarf es nur eines geringen Anstoßes von außen, dass die von der Seele her kommenden Impulse über das höhere Sein ins Gehirn vordringen und vom Verstand wahrgenommen und aufgegriffen werden können. So verhält es sich übrigens auch mit dem Gewissen, mit dem Atheisten ihre Erklärungsschwierigkeiten haben: Wo kommt es her? Es ist mit ihrem Weltbild nicht zu vereinbaren.

Jenseitige Boten

Nur Boten aus jener anderen Welt können uns sinnvoll Auskunft geben über andere mögliche Seins-Formen, die sich unseren menschlichen Möglichkeiten verschließen. Da wir aber nun einmal nur Botschaften empfangen können mit den uns gegebenen menschlichen Sinnen, diese jenseitigen Boten aber keine adäquaten Sprechwerkzeuge besitzen, bedienen sie sich medial begabter Menschen. Ausgenommen die Fälle von niederem Spiritismus (das redende Orakel) geschah und geschieht dies stets im Auftrag Gottes, der seine gefallenen Kinder nicht in Blindheit halten wollte und will. So erlebte es Johannes Greber gleich in seiner ersten Sitzung. Er wäre erstaunt gewesen, wie er schreibt, dass ihn der 16-jährige Junge mit „du" angeredet hätte, was ihn befremdete. Doch dann wäre ihm sogleich bewusst geworden, dass nur ein anderer „durch" ihn redete.

Es ist das gleiche Geschehen – von Abraham über Jesaja und die zahlreichen Propheten bis hin zu gegenwärtig *Gabriele* –, das immer wieder denselben göttlichen Strom offenbart. Doch zu allen Zeiten wurde dieser Strom von oben und die Wahrheit von der jeweils herrschenden Priesterschaft bekämpft. Heute mit allen ihr aktuell zur Verfügung stehenden Mitteln. Die Scheiterhaufen sind erloschen, doch die sich christlich nennende Priesterschaft bekämpft die Wahrheit mit einer

Vehemenz, wie ich es nicht für möglich gehalten und diesen Männern nicht zugetraut hatte. Doch ich hatte mich getäuscht, und vermutlich hätte ich es nicht geglaubt, wenn ich es nicht selbst erlebt hätte und nur andere mir davon erzählt hätten. Zu viel Vertrauen, Ehrlichkeit, Aufrichtigkeit hatte ich dem Klerus bis dahin entgegengebracht. Doch da dieser nun sein wahres Gesicht zeigte, mochte ich mit ihnen nichts mehr gemein haben – mit der lutherischen Kirche.

*

Die „finsteren Machenschaften" sind im Übrigen nachzulesen und dokumentiert u.a. in folgenden Büchern: „Der Steinadler und sein Schwefelgeruch"[25] von Matthias Holzbauer und „Die Rehabilitation des Christus Gottes"[26] von Martin Kübli, Dieter Potzel und Ulrich Seifert. Wenn ich von Machenschaften rede und Sie, lieber Leser, das für überzogen halten, dann darf ich nur daran erinnern, wie die katholische Kirche heute mit den Missbrauchsverbrechen umgeht, die von ihren eigenen Priestern verübt werden. Die Taten an sich sind schon verwerflich genug und zerstören Menschenleben, aber das vom Papst erlassene Geheimhaltungsverbot ist gewiss an Abscheulichkeit nicht zu übertreffen. Es wird nichts zugegeben und alles vertuscht, bis es nicht mehr geht! Ist das Ehrlichkeit? Ist das im Geiste Jesu? Mit wem sind sie deshalb vermutlich im Bunde?

25 Verlag Das weiße Pferd 2003
26 Verlag Das Wort 2015

Wendezeit

Der wache Zeitgenosse wird die Zeichen der Zeit längst erkannt haben. Sie signalisieren ihm: Wir stehen am Beginn einer gewaltigen Umbruchszeit und bald wird nichts mehr so sein, wie es einmal war. Die Prophetie der Jetztzeit sagt hierzu, die karmischen Speicher seien voll und liefen über. Dadurch kommen alle von den Menschen jemals gesetzten Ursachen immer schneller zur Wirkung. Dieser begonnene Prozess wird auf der Erde zu noch nie dagewesenen Umwälzungen führen, die aber nichts anderes als eine notwendige Reinigung der Erde von allem Unrat, von allem Weltlichen bedeuten. So drückte es bereits vor Jahrzehnten die Schweizer Seherin Silvia Wallimann aus. Am Ende dieses vermutlich Jahrhunderte währenden Prozesses wird das von Jesaja angekündigte „Friedensreich"[27] stehen.

Auf der Erde wird es keine Religionen mehr geben, weil Christus vom Geiste her die Regentschaft auf der Erde übernimmt. Ein neuer Menschenschlag wird diese Erde bewohnen, weil sich nur noch lichtere Seelen werden einverleiben können. Alle Menschen werden Brüder und Schwestern sein. Es wird Friede sein.

*

Der unwissende Weltmensch hält dieses derzeitige Erdenleben für sein Ein und Alles. Für ihn gibt es kein

27 Jesaja 11 und 65,17–25

Vorher und kommt kein Nachher. Mit dem Leibestod endet alles endgültig. Er sagt: *Lasst uns das Leben genießen, denn danach ist es vorbei!* Er geht nicht der Frage auf den Grund, warum der Mensch ein Gewissen hat. Er will nichts wissen von jenen Boten, die davon berichten, dass es noch mehr, ja viel mehr gebe. Er ist vom Materiellen derart geblendet, dass er jenseits dessen nichts für möglich hält, auch keine geistige und seelische Seins-Form. Was seine physischen Sinne nicht wahrnehmen können, ist für ihn nicht existent. Was die klinisch Toten nach ihrer Wiederbelebung berichten, hält er für Halluzinationen. Er fühlt sich vielmehr von alledem in seiner Ruhe gestört und lacht in seiner vermeintlichen Überlegenheit über derartige Albernheiten.

Doch durch die Prophetie der Jetztzeit wird endgültig Klarheit geschaffen:

Wer es fassen will, der fasse es,
wer es lassen will, der lasse es,
sagt der Geist dazu.

Eine große Überraschung wird der weltverhaftete Mensch erleben, nachdem er gestorben sein wird. Dann wird er auf einmal feststellen: Ich lebe ja, wie ist denn das möglich? Ich bin doch gestorben. Das wird ihm dann lange sehr rätselhaft vorkommen und zu schaffen machen. Seine alten, falschen Vorstellungen davon, dass der Tod das Ende sei, hat er ins Jenseits mit hinüber genommen. Sie fallen nicht plötzlich von ihm ab. Er wird körperlos zurückkehren zu den Menschen, die er kannte, auch in seine bisherige Wohnstätte. Er wird Menschen ansprechen wollen, doch zu seinem

Erstaunen wird er von niemandem wahrgenommen werden. Die Menschen werden einfach durch ihn hindurch gehen. Den Körper aus Fleisch und Bein hat er zwar abgelegt, doch der ewig bestehende Geistleib ist ihm geblieben. Dieser ist aufgebaut aus einem gar feinen Stoff, den der Menschenverstand nicht erfassen kann und für den Sprache keine Worte hat. Dieser Stoff ist solcher Art, die alle uns bekannte Materie zu durchdringen vermag. So berichten die Wiedererwachten nach ihrem klinischen Tod ja auch, ohne Schwierigkeit jede Mauer durchschreiten zu können, als wäre sie gar nicht vorhanden.

Für den Uneingeweihten mag sich das wie ein Märchen anhören, es ist aber keines. Der 1947 gedrehte Film „Das Spiel ist aus", zu dem Paul Sartre das Drehbuch schrieb, behandelt eindrucksvoll diese Thematik.

Lange dauert es bei solchen Seelen, bis sie ihre tatsächliche Lage erkennen und bereit sind, von lichten Wesen Belehrungen anzunehmen. Die Seelen, deren einstiger Mensch hier auf der Erde bereits um diese geistigen Gesetzmäßigkeiten wusste, haben einen wesentlich leichteren Start in jener anderen Welt.

*

Mancher Weltmensch, den man auch als Atheist bezeichnen kann, ist durch das Kausalgesetz knallhart zu einem radikalen Sinneswandel gelangt. So kannte ich einen Mann, der durch einen schweren Schicksalsschlag in seiner Gesinnung einen vollständigen Wandel durchlebte. In Gesprächen, die wir miteinander führten, sagte er mir, er hätte solchen Erzählungen bislang niemals Glauben geschenkt, im Gegenteil, er hätte die Menschen noch beleidigt, die die vorgetragen hatten. Nur das eigene Erleben und das damit verbundene Leid hätte ihm die Scheuklappen von den Augen genommen.

Es ist nicht wünschenswert, durch Schicksalsschläge – also Geschehnisse aufgrund des Kausalgesetzes – wachgerüttelt zu werden. Gott wünscht vielmehr, dass seine Menschenkinder die von seinen himmlischen Boten gebrachten Lehren von sich her befolgen, d. h. danach leben. Es sind dies die Bergpredigt[28] Jesu von vor 2000 Jahren und heute der „Innere Weg" und der „Weg der Bereinigung", die langsam aus dem Kausalgesetz und damit aus dem „Rad der Wiederverkörperung"[29] herausführen. Dadurch wird Mensch und Seele viel Leid erspart.

Die Nahtodforschung hat dafür gesorgt, dass über das Thema Sterben und Tod heute offener gesprochen wird. Auch in den Krankenhäusern ist man hierfür sensibler geworden. So gibt es beispielsweise Verhaltensregeln im Umgang mit Koma-Patienten. Da darf nicht alles gedankenlos ausgesprochen werden: Der ist ja doch schon tot. Man weiß heute: Es ist wahrscheinlich, dass diese Menschen alles mitbekommen, was gesprochen wird. Bei allem Verdienst hat diese Forschung die Tür in die Jenseitswelt aber nur um einen kleinen Spalt geöffnet. Weit aufgestoßen wurde diese Tür erst in unserer Zeit durch Botschaften von drüben.

28 Matthäus 5-7
29 Die Reihe oder Abfolge vieler Inkarnationen (bis zur Vollkommenheit)

Stefan von Jankovich

Nochmals greife ich diesen Fall auf: Von Jankovich erlebte durch einen schweren Autounfall den klinischen Tod und damit verbunden eine Nahtoderfahrung. In seinem Buch gibt er einen eindrucksvollen Bericht über das durchlebte Geschehen. Als sein Astralleib den materiellen Körper verlassen hatte, spürte er ein sich ständig vergrößerndes Ich-Bewusstsein. Die Loslösung vom menschlichen Körper hätte ihn in einen glücklichen, harmonischen, so noch nie erlebten Zustand versetzt, wie er schreibt. Er schildert, wie er hätte gleichsam über der Unfallstelle schwebend von oben alles, was sich unter ihm ereignete, genauestens beobachten und wahrnehmen können.

Ein Mann, offenbar ein Arzt, beschäftigte sich mit seinem leblosen Körper. Nach längerem vergeblichen Bemühen sagte er: „Es geht nicht, man kann nichts mehr tun, er ist tot!" Jankovich schreibt, er hätte über diese komische Szene nur lachen können, weil er wusste: *Ich lebe noch.* Er hätte den Leuten von oben her zurufen wollen: „Hallo, ich bin hier, ich lebe, lasst den Körper, wie er ist. Ich lebe! Ich fühle mich wohl ..." Aber sie hätten ihn nicht verstehen können, weil er keinen Ton von sich geben konnte. Dort „oben" hatte er weder Kehle noch Mund.

Kurze Zeit später trat ein jüngerer Mann, ebenfalls ein Arzt, hinzu und gab ihm eine Adrenalinspritze direkt ins Herz. Diese Maßnahme zwang seinen Astralleib zurück in den menschlichen Körper. Entsetzliche Schmerzen traten ein. Die in seinem klinisch toten Zustand gemachten Beobachtungen hat er später geschildert und zur Überraschung aller am Geschehen beteiligten Personen stimmten sie mit den tatsächlichen Abläufen überein. Dies sind die gleichen Feststellungen, wie sie auch Pim van Lommel in seinem Buch trifft.

Doch bleiben wir noch etwas bei dem Fall Jankovich. Eindrücklich schildert er, wie er alles genau gesehen und gehört hätte, obwohl seine physischen Augen geschlossen waren. Auch weiter abgelegene Bereiche, die von seinem Gesichtskreis abgewandt lagen, hätte er einsehen können. Da fragte man verständlicher Weise, wie ist so etwas möglich? Dabei ist das noch nicht alles, es wird noch spannender, um nicht zu sagen, unglaublicher: Mit Erstaunen hätte er feststellen müssen, dass er die Gedanken der umstehenden Menschen wahrnehmen konnte. So schildert er, wie er die Gedanken einer Tessiner Frau aufgenommen hätte, die mit ihrer etwa siebenjährigen Tochter plötzlich erschrocken seine Leiche da liegen sah. Sie hätte in Gedanken ein „Vaterunser" gebetet und danach um Vergebung für die Sünden des verunglückten Mannes gebeten. Das selbstlose Gebet dieser Frau hätte ihn tief beeindruckt und er hätte es als eine „liebevolle Strahlung" wahrgenommen. Dagegen hätte er die negativen Gedanken eines ebenfalls an der Unfallstelle weilenden älteren Mannes als sehr negativ empfunden. Dem Sinne nach: *Na ja, den*

*hat's erwischt. Aber er ist sicher selbst schuld. Wahrschein-
lich ist er einer, der mit seinem Sportwagen rücksichtslos
durch die Gegend flitzt.*

Jankovich hätte ihm von oben zurufen wollen, er
wäre gar nicht selbst gefahren, sondern nur Mitfahrer
gewesen.

Was Jankovich sah, nahm er mit den „Sinnen der
Seele" wahr. Und diese wären sehr genau, wie er
schreibt, und verzeichneten alles. Dass er sogar die
Gedanken der umstehenden Menschen aufnehmen
konnte, übersteigt unsere menschliche Erfahrungswelt.
Aber es ist so! Der indische Yoga-Meister Paramahansa
Yogananda beschreibt in seinem Buch „Autobiographie eines Yogi"[30] einen Fall, wo dies seinem erleuchte-
ten Meister möglich war. Auch darf ich noch einmal an
Johannes Greber erinnern und an das Detail mit seinem
Zettel. Gedanken sind feine Schwingungen und damit
Energien. Durch Schwingungen werden Informationen
übertragen. Doch Gedankenschwingungen sind noch
viel feiner und von anderer Art als die uns bekannten
elektromagnetischen Schwingungen.

Von ganz anderer Qualität sind die Beschreibungen
von *Gabriele*, die klarstellt, nicht auf der Basis ihres
Menschenverstands bzw. Gehirnwissens zu berichten,
sondern aus dem voll erschlossenen Gottesbewusstsein
– der Wahrheit: *„Für eine geistig Wache, gleich lichte Seele
ist der Körper, die sterbliche Hülle, nur ein Gefährt, um auf
dieser Erde die Lebensschule mit Erkenntnis und innerer*

30 Self-Realization Fellowship 2001

Reife abzuschließen, um also die Rückkehr in höhere Lebens-bereiche zu erlangen, in das Reich, das jenseits des Leidens und des Sterbens liegt, denn die Seele kann nur ohne ihre Hülle, ohne die Schatten des Gegensätzlichen, als Lichtge-stalt wieder zurück in ihre ewige Heimat, in das Reich Gottes gehen, von wo sie einst ausgegangen war."[31]

Jankovich konnte über seine Erlebnisse nur deshalb berichten, weil das geistige Band zwischen Astralleib und materiellem Körper noch nicht gerissen war. Nur deshalb war die Rückkehr möglich gewesen. Dieses Band wird als „Silberschnur" bezeichnet – schon erwähnt im Alten Testament als „silbrige Schnur". Woher wohl hatten Menschen der damaligen Zeit diese Kenntnis? Nachdem Jankovich die Unfallstelle „aus-reichend inspiziert" hätte, wäre in seinem Erleben eine neue Phase eingetreten. Er überschreibt sie mit „Lebensfilm und Urteil". Die Unfallstelle hätte ihn nicht mehr weiter interessiert, deshalb hätte er sich nun von ihr abgewendet, um weiter zu fliegen. Was er folgend beschreibt, gleicht dem anderer Nahtod-Erfahrungsberichte. Das Erleben wäre umfangen von wunderschönen Melodien und Farben, der Zustand harmonisch. Für all dies gäbe es in der menschlichen Sprache keine adäquaten Worte. Hinzu käme das Gefühl, nicht allein zu sein, sondern geborgen in bedin-gungsloser Liebe – als träfe man auf „tiefes Wissen und tiefe Weisheit"[32].

31 Das Leben und Sterben, um weiterzuleben; S.99f.
32 Aao. S. 44

Dann setzte, wie die meisten Fallgeschichten berichten, in einer Bildfolge der rückwärts laufende Lebensfilm ein: Mikroskopisch genau werden der Seele die einzelnen Lebenssituationen vorgespielt, wobei sie untrüglich erkennt, ob ihre jeweilige Handlungsweise gegenüber anderen Menschen, aber auch gegenüber Tieren und der Natur den göttlichen Gesetzen entsprochen hätte oder nicht. In diese Bewertung fließen die den Handlungen zugrundeliegenden Gefühle und Gedanken des einstigen Menschen mit ein. Nichts ist vergessen, alles wurde präzise gespeichert. Kein höheres Wesen tritt hierbei als Richter auf. Die Seele selbst ist ihr eigener Richter. Untrüglich waltet in ihr Gottes unbestechliche Gerechtigkeit. Es ist so ähnlich, wie uns zu „Lebzeiten" das Gewissen sehr fein signalisiert, ob wir etwas Bestimmtes tun oder es besser unterlassen sollten. Nur die Erkenntnis ist hier viel präziser und eben untrüglich. So erkennt die Seele in diesem Rücklauf schlagartig, was gut oder böse war – um es vereinfacht auszudrücken.

Nun nähern wir uns dem Sinn dieses Lebensrücklaufes. Vorn habe ich die faszinierende Geschichte über die „Konstruktion" des Knochens erzählt und behauptet, dass die Natur nichts ohne Sinn tut. Es spricht nichts dagegen, dieses Prinzip als allgemeingültig anzusehen. Gott wird nichts ohne entsprechende Sinnhaftigkeit tun! Doch wozu nun dieser Lebensrücklauf? Ich fragte mich dies, nachdem ich zahlreiche Nahtod-Erfahrungsberichte gelesen hatte. Lange fand ich darauf keine befriedigende Antwort. Erst die Offenbarungen des Vater-Mutter-Gottes in unserer Zeit gaben mir die entscheidenden Hinweise. Nach allem, was wir heute aus dieser Quelle hören, ist der universelle Schöpfergeist grenzlose, bedingungslose Liebe. Er setzt alle Mittel ein, um seine gefallenen Kinder baldmöglichst in sein Reich zurückzuholen. Doch dies kann nur gesetzmäßig geschehen, sonst entstünde Chaos.

Unser Weg zurück in das Reich Gottes ist in zahlreichen Büchern beschrieben, auch in denen, die hier zitiert wurden. Auf diesem Heimweg reicht der Ewige überall seinen Kindern die Hand und kommt ihnen zwei Schritte entgegen, wenn sie nur einen Schritt auf ihn zu tun. Doch den ersten Schritt müssen sie tun. Das hängt mit dem freien Willen zusammen, den Gott ihnen einst als Mitgift schenkte, sonst wären sie ja nur Marionetten. Aus diesem freien Willen müssen sie sich für ihn entscheiden und Ja zu ihm sagen, weil sie einst aus eben diesem freien Willen sein Reich verließen.

Vergib uns unsere Schuld

Vor 2000 Jahren lehrte der Christus in Jesus die Menschen ein großes Gebet, in dem alles enthalten ist. Darin heißt es u.a., wir sollen um Vergebung bitten für ein Unrecht, das wir anderen zugefügt haben. „(...) vergib uns unsere Schuld."[33] Warum lehrte er dies die Menschen? Wozu soll es gut sein, eine Schuld zu vergeben? In vielfältiger Weise können sich Menschen an ihren Mitmenschen „verschulden". Das beginnt bei den kleinen, kaum merklichen Verletzungen durch unbedachte Äußerungen und endet bei echten Vergehen, die andere ins Unglück stürzen können. „(...) vergib uns unsere Schuld" – darum bitten Menschen Gott. Ob dies auch immer aus tiefem Herzen und echter Reue über begangenes Unrecht geschieht, steht auf einem anderen Blatt. Eines jedoch ist gewiss: Gott kann uns eine Schuld, die wir einem anderen zugefügt haben, nur dann vergeben, wenn uns zuerst der andere vergibt. Das hat wieder mit dem freien Willen zu tun, den Gott auch diesem anderen geschenkt hat.

Gelegentlich hört man Einwände wie: Wenn Gott allmächtig ist, dann ist ihm nichts unmöglich, dann könnte er doch auch einfach – wir hier im Beispiel – diese Schuld löschen! Hier wäre nun wieder eine größere Einlassung erforderlich, um zunächst das Gottesbild zu klären, wie er selbst es heute durch seine Botschaft-

33 Matthäus 6,12

erin *Gabriele* vermittelt. Dieses Bild ist anders als die bisherige Gottesvorstellung. Gottes Wesen ist bindungslose Liebe. Das beinhaltet Eigenschaften wie Gerechtigkeit, Freiheit, Gleichheit, Beständigkeit, Zuverlässigkeit und desgleichen. Danach ist jede Willkür ausgeschlossen. Demnach kann alles nur nach Gesetzen ablaufen. Gott selbst ist das Gesetz.

Bedenken wir einmal unseren derzeitigen Zustand als Mensch und wieso wir in diese Lage geraten sind. Einst waren wir alle absolut reine Wesen in Gottes Reich. Dann schlossen wir uns Luzifer an, der uns etwas versprochen hatte. Zuvor aber hatte Luzifer Christus die Regentschaft über den Himmel geneidet. (Beide waren mächtige Engel gewesen.) Das aber war ein zutiefst spaltender Gedanke, wie auch sein ganzes Vorhaben, ein eigenes Reich zu gründen. Nach dort herrschenden Gesetzen hat im Himmel nicht das geringste Arg Bestand. Luzifer und seine ganze Anhängerschaft hatten sich selbst ausgeschlossen. Es begann das, was als der große Fall – der Engelsturz – bekannt ist.

Gott ist derselbe – gestern, heute, morgen und in alle Ewigkeit. Er ist die Beständigkeit selbst und unwandelbar. Uns allen gab er als größtes Geschenk den freien Willen. Es wäre Willkür, würde er diesen nach Belieben zurücknehmen, z.B. dort, wo ein Beter ihn bittet: „Vergib mir die Schuld, die ich an jenem begangen habe." Diesem anderen wurde zweifellos großes Unrecht angetan. Lange musste er darunter leiden und hegt immer noch tiefen Groll auf den Verursacher. Er ist noch nicht in der Lage, zu vergeben. Gott kann ihm auch nicht sagen: *Du musst nun endlich vergeben!* Er lässt ihm den freien Willen, auch in dieser Entscheidung. Gott wird niemals gegen seine eigenen Gesetze handeln. Außerdem ist diese Schuld in den Seelen der Beteiligten eingraviert, gespeichert und im entsprechenden kosmischen Speichersystem aufbewahrt. Das Gesetz „Saat und Ernte" nimmt seinen Lauf. Gott selbst kann hier nur eingreifen, wenn alle Beteiligten zustimmen. Das heißt, wenn der andere vergibt, kann Gott alle Schuld löschen.

Ebenso wie der Wissende Gott nicht verantwortlich macht für das Leid, das ihn trifft, wird er an Gott auch keine „Bettelgebete" richten. Er weiß, dass sich nur durch sein eigenes Bemühen um ein Leben nach den höheren göttlichen Gesetzen alles zum Guten wenden und er sich aus den Fesseln seines Karma[34] befreien kann. Gott betont immer wieder, gemeinsam mit Christus dem Menschen auf diesem Weg zur Seite zu stehen und zu helfen – sofern der Mensch den ersten Schritt auf ihn zugeht und ihn um Beistand bittet. Das bedeutet aber nicht, es sei damit automatisch jedes Karma gelöscht, jede Sache vergeben, die Leid verursacht hat. Im Gegenteil, das sei nur menschliches Denken und Wünschen. Die tatsächliche Hilfe bestehe beispielsweise darin, dass Gott und Christus mit ihren für uns Menschen unvorstellbaren Möglichkeiten die Seele des

34 Karma ist die Folge jeder Tat, also die Wirkung von Handlungen und Gedanken, vor allem die Rückwirkung auf den Ursachensetzer selbst. Karma entsteht aufgrund des kausalen Prinzips – das heißt, es liegt ihm nicht eine Beurteilung durch einen Weltenrichter oder Gott zugrunde.

anderen Menschen berührten, sie zum Nachdenken bewegten, sodass dieser Mensch schlussendlich selbst bereit ist, die Schuld seines Nächsten zu vergeben.

„Vertrage dich mit deinem Gegner sogleich, solange du noch mit ihm auf dem Weg bist, damit dich der Gegner nicht dem Richter überantworte und der Richter dem Gerichtsdiener und du ins Gefängnis geworfen werdest. Wahrlich ich sage dir: Du wirst nicht von dort herauskommen, bis du auch den letzten Pfennig bezahlt hast."[35]

Diese gleichnishafte Sprache wird von den meisten Menschen nicht verstanden. Das ist auch nicht verwunderlich, weil ihnen das Gesetz von „Saat und Ernte" in Verbindung mit dem Prinzip der Reinkarnation nicht bekannt ist. In dem Buch „Die Zehn Gebote Gottes und die Bergpredigt des Jesus von Nazareth" gibt der Christus-Geist heute Aufklärung über den Sinngehalt seiner damaligen Worte: „Vertrage dich mit deinem Gegner sogleich, solange du noch mit ihm auf dem Weg bist."[36] Dies soll heißen: Lass nicht zu, dass sich Schuld an deinem Nächsten in dir ansammelt. Bereinige sie so rasch wie möglich, denn noch ist er am Leben und bietet dir eine Gelegenheit dazu. Ist seine Seele erst von der Erde gegangen, musst du unter Umständen warten, bis wieder eine Begegnung herbeigeführt wird und du ihn um Vergebung bitten kannst – entweder in den Stätten der Reinigung oder in einem neuen, gemeinsamen Erdenleben. Jedoch wirkt dieses Verschieben auf später wiederum auf den Leidver-

35 Matthäus 5,25–26
36 Verlag Das Wort 2017, S 110 ff

ursacher zurück. Wird die Chance vertan, noch im derzeitigen Erdenleben um Vergebung zu bitten und alles zu bereinigen, führt die Fehlhaltung zu einer Gravur in der Seele, zu einer Belastung. Die Wirkung der selbst gesetzten Ursache – die ungute Saat – wird irgendwann, nach bestimmten kosmischen Gesetzen, auf einen selbst zurückfallen – als eine schwierige Ernte.

In der Bibel wird das Gesetz von „Saat und Ernte" zahlreich angesprochen. Im obigen Bild steckt es beispielsweise in dem Wort „Richter". Das Gesetz wirkt solange, bis alles ausgeglichen ist („bis zum letzten Pfennig").

Wie ist so etwas möglich? Das fragt sich so mancher Mensch, denn es lässt sich mit dem Menschenverstand schwer vorstellen, wie denn alle Lebensäußerungen jemals gespeichert werden könnten, und wo vor allem. Niemand hat je das Archiv gesehen, in dem die Karma-Akten aufbewahrt werden. Deshalb können es viele auch nicht glauben! Der Mensch sollte erkennen, dass seine Erkenntnismöglichkeiten mittels seiner Sinne und seines Verstandes sehr begrenzt sind. Das meiste bleibt ihm verborgen. In einer Offenbarung sprach Gott-Vater durch seine Botschafterin *Gabriele* sinngemäß Folgendes: *Ihr Menschen habt den Rechner erfunden und Navigationssysteme und meint nun, das seien große Errungenschaften. Sie sind ein Nichts gegenüber meinem Speichersystem in meinem All-Computer!*

Den interessierten Lesern, in denen langsam die tiefe, wahre Bedeutung dieses Erdenlebens empordämmert, kann ich nur empfehlen, das genannte Buch zu lesen. Es ist eine wahre Perle aus dem Himmel. Die darin enthaltenen Erklärungen, die der Christus-Geist zu seiner Bergpredigt gibt, wird wohl von der Masse der Theologen in Verhöhnung Christi als nicht lebbar eingestuft, jedoch stellen sie den steilsten und kürzesten Weg dar, aus dem Rad der Wiederverkörperung heraus zu gelangen und in das Reich Gottes zurück zu kehren.

*

Für ein tieferes Verständnis der genannten Zusammenhänge mag es hilfreich sein, im Hinblick auf das Geschehen des Lebensrücklaufs die Zeitvorstellungen und das Zeitempfinden des Menschen zu betrachten. In den meisten Nahtod-Erfahrungsberichten heißt es übereinstimmend, das Zeitempfinden während des Rücklauf-Prozesses (sozusagen die „Filmlänge") stände im krassen Widerspruch zur zeitlichen Dauer des klinischen Tot-Seins bis zum Wiedererwachen. Der körperliche Zustand hat ja jeweils etwa 4–6 Minuten betragen, während manche Phasen des Rücklaufs wie ganze Tage empfunden oder erlebt wurden. Ohnehin ist nicht verstehbar, wie es sein kann, dass innerhalb weniger Minuten ein ganzes Leben konkret erscheinen und nachvollziehbar wird. Im normalen Wachbewusstsein würden die Bilder in einer solchen Geschwindigkeit an unseren Augen vorbeilaufen – um bei dem Vergleichsbeispiel „Film" zu bleiben –, dass wir nichts erkennen könnten. Aber genau so wäre es eben ganz und gar nicht gewesen. Im Gegenteil, alles wäre präzise erkennbar.

Hier versagt unser kognitives Verstehen, das nur auf die dreidimensionale Welt ausgerichtet ist. Hier wird erkennbar, dass Zeit keine feststehende Größe im Kosmos ist und somit auch unterschiedlich erlebt und erfahren werden kann. Zeit ist in Wahrheit beliebig dehnbar.

*

Eine weitere Frage muss gestellt werden: Wozu soll es noch gut sein, wenn eine Seele nach dem Tod erkennt: Hier habe ich mich schuldig gemacht, hier habe ich einen Menschen gekränkt, verletzt oder ihm geschadet? Jetzt kommt Gottes offensichtlich grenzenlose Güte in Spiel, denn er gibt dieser Seele (nach dem Verlassen der menschlichen Körperhülle) die Möglichkeit, das eigene Karma zu bereinigen und – jetzt auf dem Umweg über Gott – die betreffenden Menschen um Verzeihung zu bitten für ihnen angetanes Unrecht. Kommt diese Bitte von Herzen und aus echter Reue, können wir sicher sein, dass sie über Gott zu dem Geschädigten gelangt. Was hier im Geistigen abläuft und was hier alles möglich ist, liegt jenseits aller menschlichen Vorstellung.

Je nach Schwere der Schuld, je nach Aufrichtigkeit von Reue und Bitte um Vergebung und je nachdem, ob und wie weit der Geschädigte bereit ist zu verzeihen, können Schuldanteile, ja sogar komplette Verschuldungen aus dem karmisch-kosmischen Archiv-Speicher gelöscht werden, als wären sie nie geschehen. Die Gravur in der Seele ist entfernt. Die einstige Ursache wird nicht zur Wirkung kommen. Man bedenke: Je nach

64

Größe der Schuld können solche Wirkungen überaus heftig sein. Sie zeigen sich auf dieser Erde für den Einzelnen in den vielfältigen Formen des Leides: persönliches Unglück, Krankheit, Siechtum, Not, Einsamkeit u.v.m.

Das Gericht

Es sei wiederholt: Alles Leid auf der Erde ist nichts anderes als die Wirkung von einst gesetzten gegensätzlichen Ursachen, deren sich die Menschen nicht bewusst sind, abgesehen von leichtsinnigen und vorsätzlichen Handlungen, die nichts mit dem Kausalgesetz zu tun haben. Niemand konnte bis in die gegenwärtige Zeit um diesen Zusammenhang wissen. Wäre es anders gewesen und der Mensch wäre in Kenntnis gewesen über seine eigene Verantwortung, sähe die Welt heute anders aus. Doch erst durch die Prophetie der Jetztzeit wird alles detailliert bekannt gemacht.

Was denken Sie, liebe Leser, wer seit alters für die Unterdrückung der Wahrheiten verantwortlich war und noch ist? Wer bedrohte diejenigen mit dem Tode, die sie verbreiteten und daran glaubten? Doch nun wird das Wirken dieser finsteren Mächte aufgedeckt. Wie Sie sehen, müssen wir viel weiter zurückgreifen, das Ganze verstehen und die Irrlehren erkennen, um dem Sinn des Lebensrücklaufes auf die Spur zu kommen.

Nach kirchlicher Lehrmeinung soll nach einer Auferstehung des Fleisches an einem fernen „jüngsten Tag" ein letztes großes Gericht stattfinden. So hörte ich es einmal, wie erwähnt, aus dem Munde eines lutherischen Theologen, der mich meiner angeblichen „Irrlehre" überführen wollte. Dieser Mann war Pfarrer und hatte seinen Namen noch mit einem Doktortitel geschmückt. Wahrscheinlich diente dieser Titel letztlich dem Zweck, zu Ansehen zu kommen. Für mich fügte sich hier keine Demut und kein rechtes Tun und kein Dienst am Nächsten zusammen, sondern Besserwisserei und Autoritätsgehabe.

Aber auch allgemein: Priester oder Pfarrer beider großen Konfessionen absolvieren fast alle ein Studium der Theologie. Ich weiß, wie so eine Ausbildung gestaltet ist und was da gelernt wird. Aus meiner Verwandtschaft brachte es jemand hier zu einem Hochschulabschluss. Ich war stets informiert, was da ablief. Weitgehend handelt es sich um ein Sprachenstudium. Es versteht sich, dass dabei auch umfangreiche Kenntnisse über den Inhalt der Bibel erworben werden müssen und darüber, wie die auszulegen seien. Auf jeden Fall lernen Theologiestudenten die Klaviatur der Sprache exzellent zu handhaben, und sie sind so durchaus auch Meister in der Wortverdrehungskunst: *„Weh denen, die Böses gut und Gutes böse nennen, die aus Finsternis Licht und aus Licht Finsternis machen, die aus sauer süß und aus süß sauer machen!"*[37]

Falls Sie, liebe Leser, es als vermessen ansehen, wenn ich diese Aussage mit dem heutigen Klerus in Verbindung bringe, vergleichen Sie diese gerne mit dem Wort Jesu dazu: *„Ihr habt den Teufel zum Vater, und nach eures Vaters Gelüste wollt ihr tun (...) Wenn er Lügen redet, so spricht er aus dem Eigenen, denn er ist ein Lügner und der*

---

37 Jesaja 5,20

Vater der Lüge. Weil ich aber die Wahrheit sage, glaubt ihr mir nicht."[38] Das war vor 2000 Jahren wie zu Zeiten Jesajas so, und es ist auch heute so. Und stets wurden die Offenbarenden attackiert und mit aller Macht bekämpft – und sogar ermordet. Im Laufe von drei Jahrhunderten nach Jesu Tod etablierte sich erneut eine Priesterschaft – obgleich die Urchristen noch keine Priester hatten –, die vorgab, in Jesu Namen aufzutreten und für Gott zu sprechen. Sie verkehrte jedoch alle göttlichen Lehren ins Gegenteil. Wenn Sie, liebe Leser, ernsthaft an der Wahrheit über diese Sachverhalte interessiert sind, kann ich Ihnen nur die Lektüre „Die Rehabilitation des Christus Gottes" empfehlen.

Zu Jesu Zeiten bezeichnete man die Theologen als Schriftgelehrte, was naheliegend bedeutet, in der heiligen Schrift gelehrt, bewandert zu sein. Heute sind es Studierte, dem Sinne nach das Gleiche. Warum bloß sucht sich Gott als Boten niemals diese Hochgebildeten aus, sondern fast immer einfache Menschen aus dem Volk? Es waren Hirten in alttestamentarischen Zeiten und dann war es ein Zimmermann. Das ist bis heute so geblieben, selbst der Mystiker Jakob Böhme, dem die Theologen das Leben schwer machten, war „nur" ein Schuhmacher.

Um zurückzukommen auf die Kirchenlehren von Auferstehung und Gericht, sie entstammen dem Johannes-Evangelium: *„Denn das ist der Wille meines Vaters, dass, wer den Sohn sieht und glaubt an ihn, das ewige Leben*

38 Johannes 8,44

habe; und ich werde ihn auferwecken am Jüngsten Tag.“[39] Und weiter: „(…) *Das Wort, das ich geredet habe, das wird ihn richten am Jüngsten Tag.“*[40] Wie auch immer diese Stellen bei Johannes zustande gekommen sein mögen, so jedenfalls entbehren sie jeglicher Logik, allenfalls der vorn durch *Gabriele* aufgedeckten Kirchenlogik, bei der der Verstand ausgeschaltet werden muss. Liest man beispielsweise den Brief des Kirchenvaters Hieronymus aus dem Jahre 383 an den damaligen Papst, kann man erahnen, wie hier der Fälschergriffel am Werke war – dies nur am Rande.

Nirgendwo in den erwähnten Kundgaben sowie in der heutigen Prophetie ist von einem fernen Jüngsten Gericht mit einem Urteil (!) die Rede, in dessen Konsequenz der Mensch entweder dem Himmel oder dem ewigen Höllenfeuer zugewiesen würde. Das dahinterstehende schreckliche Gottesbild haben Priesterhirne erfunden zu dem alleinigen Zweck, Menschen an sich zu binden, von sich abhängig zu machen, kurz gesagt, totale Macht über sie auszuüben, nach dem Motto: Seht nur, wir Priester können euch vor der ewigen Verderbnis retten! Ihr müsst uns nur gehorchen, dem „Papst unterwerfen“, wie es in einem Dogma bei Neuner-Roos heißt – und natürlich so auch fleißig für unseren Lebensunterhalt sorgen.

Lassen wir nun einmal alle „gnadenspendenden“, „alleinseligmachenden“ Segnungen der heiligen Kir-

39 Johannes 6,40
40 Johannes 12,48

chen beiseite: Wie viele Seelen bzw. Menschen würden denn nach ihrer leiblichen Auferstehung vor dem letzten Gericht bestehen – „gewogen und nicht für zu leicht befunden"? Die Frage ist leicht zu beantworten am Zustand dieser Welt, wenn man an ihn die Maßgabe Jesu legt: „Liebe deinen Nächsten". Kein Wunder, dass es sogar so scheint, als wäre erst recht nur noch eine Rettung zu erwarten, und zwar durch jene, angeblich von Gott zu Priestern erhobenen Männer. Durch die zeremonielle Weihe werden sie schließlich Christus gleichgestellt und zu höherem Tun befähigt. So, sinngemäß im katholischen Katechismus zu lesen. Niemand braucht sich mehr Sorgen um sein ewiges Seelenheil zu machen, bitte einfach nur alles beachten, alles mitmachen und an alles glauben, was diese Männer vorgeben – dann kann nichts schief gehen!

So gesehen war es aus priesterlicher Perspektive unumgänglich, die „gefährliche" und störende Lehre von der Wiederverkörperung der Seele als Irrlehre zu brandmarken. Gefährlich deshalb, weil ihre Alleinherrschaft bedroht wäre: Gewährt nämlich der Ewige seinen Kindern nach einem misslungenen Erdenleben immer wieder eine neue Chance, brauchen wir die Priester nicht! Vergleichbar mit den Gepflogenheiten in unseren Schulen, wo ein Kind beim Verfehlen des Klassenzieles die Klasse wiederholen muss (oder darf). So bekommt die Seele auch die Möglichkeit der Wiederholung, bis sie irgendwann davon „die Nase voll hat" und sich auf den Weg macht – zurück in ihre geistige Heimat.

Priester sind in der Tat völlig überflüssig und in Gottes Rückholungsplan nirgends vorgesehen. Wäre dies anders, hätte Jesus dann diese Männer nicht schon damals selbst berufen? Davon ist nirgends zu lesen. Er gründete auch keine Religion, sondern erteilte den Menschen lediglich Ratschläge und sprach zu ihnen vom rechten Tun – das allein, wie wir heute wissen dürfen, aus dem Rad der Wiederverkörperung herausführt.

Sinn des Lebensrücklaufes

Nach der Prophetie der Jetztzeit findet sofort nach jedem Erdenleben dieses „Gericht" statt, was auch andere Quellen so bestätigen. Doch ist dies kein grausames letztes Urteil. Es stellt eher eine Art Bilanz dar und hat zweierlei Bedeutung:

1.

Es führt zu der Möglichkeit einer Schuld-Vergebung. Dies setzt eine Kenntnis der geistigen Gesetzmäßigkeiten voraus, z.B. im Hinblick auf die Kraft der Gedanken oder das aufrichtige Gebet – letztlich auf die Macht der Worte „Ich bitte um Vergebung", sofern sie von Herzen kommen.

Ein Mensch, der diese Kenntnis nicht schon zu Lebzeiten erworben hat, wird sie beim Tod und Übergang nicht plötzlich für sich gewinnen. Es gilt der Spruch: Wie der Baum fällt, so bleibt er liegen. Das soll heißen, alle Vorstellungen, die der Mensch hegte, nimmt die Seele mit hinüber. Durch den Übergang selbst finden weder Läuterung noch höhere Einsichten statt. Hatte der Mensch keine Bewusstheit, so bleibt auch die Seele in geistiger Blindheit und weiß nichts anzufangen mit einer plötzlichen Erkenntnis, bspw. über eine falsche Handlung, die im Lebensrücklauf erinnert wird. Die Seele wird dann wahrscheinlich auch nicht um Vergebung bitten, vor allem dann nicht, wenn der Mensch zu Lebzeiten den Wert der Vergebung nicht ermessen konnte und daher nur belächelt hat. Damit wird diese Seele diese letzte Gelegenheit zur Reinigung ihres Seelenleibes nicht nutzen können.

Hier auf der Erde sind Seelen der unterschiedlichsten Bewusstseinsgrade in Menschenkörpern „einverleibt":

Stark belastete, finstere Seelen, die weitgehend Böses im Sinn haben, andererseits aber auch lichte Seelen, die kaum mehr eines Erdenganges bedurften, sondern sich zu diesem Schritt entschlossen haben, um ihren Geschwistern zu helfen beim Aufstieg. Dazwischen gibt es alle denkbaren Abstufungen. Auf der Erde befinden sich diese unterschiedlichen Bewusstseinsgrade somit ganz dicht nebeneinander, das erklärt auch all die Meinungsverschiedenheiten, Reibereien und Dissonanzen. Schauen wir uns das Verhalten von Menschen an: Ist das Miteinander geprägt von den Vorgaben Jesu in seiner Bergpredigt? Ist es nicht vielmehr weitgehend ein Gegeneinander, und wird dies nicht überwiegend von Neid, Habgier, Macht, übler Nachrede, Feindschaft usw. angetrieben? Daraus ist leicht abzuleiten, dass kaum einer Seele nach einem einmaligen Erdenleben sofort der Übergang in das Reich Gottes gelingt. Die dazu notwendige Vollkommenheit bedarf in den meisten Fällen eines sehr viel längeren Weges – „Darum sollt ihr vollkommen sein, gleichwie euer Vater im Himmel vollkommen ist."41

41 Matthäus 5,48

Die meisten Seelen sind an das Rad der Wiederverkörperung gebunden und drängen zu einer erneuten Inkarnation. Doch darüber werden sie vorher von Gottes Helfern beraten und alles Für und Wider wird abgewogen. Aber auch in der jenseitigen Welt geht die Höherentwicklung der Seele nach ihrer Entkörperung weiter. Dafür wurden nach Jesu Erdengang – nach seinem „Es ist vollbracht" – die bisherigen Fallreiche in Aufstiegsreiche umgewandelt. Der weitere Fall, die weitere Degeneration der Seele war gestoppt.

Der Jenseitsbereich beginnt „unten" mit den am stärksten belasteten Seelen und endet „oben" vor der Lichtmauer, dem Tor zu Gottes Reich – mit den Seelen, die nunmehr die Vollkommenheit erlangt haben die damit wieder zu reinen Kindern Gottes geworden sind. Dieser Jenseitsbereich wird von unten nach oben – um bei diesen menschlichen Begriffen zu bleiben – immer „lichter", d. h. die dort weilenden Seelen werden auf ihrem „Aufstieg" (aufwärts) immer durchlässiger für Gottes allgegenwärtiges, alles durchdringendes, alles erhaltendes Licht. Dabei befinden sich auf jeder Stufe nur Seelen mit annährend gleichem Bewusstseinsstand. Es findet keine Durchmischung statt, wie es hier auf der Erde der Fall ist.

Welche Konsequenz ergibt sich daraus? Selbstverständlich sind die Übergänge von Stufe zu Stufe fließend. „Gleiche Seelenbelastung" meint also immer annährend ähnlich. So haben wir auf jeder Stufe etwa die gleiche Gesinnung und damit ein ähnliches Verständnis untereinander. Dies bedeutet andererseits weniger Meinungsverschiedenheiten, Verstimmungen und Ärger. Die Verhältnisse sind also völlig entgegengesetzt denen hier auf der Erde, wo die unterschiedlichsten Bewusstseinsgrade oft ganz direkt nebeneinander existieren. Da gibt es heftigste Differenzen in den Ansichten zu ein und demselben Sachverhalt, und daraus entsteht allzu leicht Streit. Da regt man sich über jemanden auf und ärgert sich über ihn. Hier kommt das Gleichnis Jesu ins Spiel, das von dem „Balken im eigenen Auge" und dem „Splitter im Auge des anderen" handelt.

Dem Sinne nach geht es hier um das aus der Psychologie bekannte „Gesetz der Entsprechung". Es lautet: *Was mich am anderen stört, ist exakt das oder in ähnlicher Form das, was in mir (noch) wirksam und aktiv ist.* Der andere Mensch dient uns demnach nur als Spiegel, um die eigenen Schwächen zu erkennen. Störe ich mich an der Unordnung, dem Jähzorn oder der Hartherzigkeit eines anderen Menschen – etwa ein Kollege oder der Partner – ist das ein Hinweis darauf, dass ich in mir selbst noch keine Ordnung gefunden habe, leicht wütend werde oder mein Herz nicht öffne. Das, was mich an ihm ärgert, das habe ich selbst noch in mir, es würde mich sonst nicht ärgern oder aufregen. Es sind Fehler, Fehlhaltungen, Schwächen, Unzulänglichkeiten oder wie man es immer bezeichnen mag, eben das allzu Menschliche. Doch nun beginnt die Schwierigkeit: Diese fehlerhafte Seite an uns zu erforschen, zu entdecken, gehört zum Schwersten im Leben. Es gelingt aus eigener Kraft kaum jemandem. (Wobei wir keinerlei eigene Kraft besitzen – sie kommt ausschließlich von Gott.) Um diesen Weg erfolgreich gehen zu können, lehrt der Himmel heute den sogenannten „inneren Weg", der auch schon dem Mystiker Meister Eckhardt bekannt war. Dieser Weg folgt dem Ziel der Selbsterforschung und Selbsterkenntnis. Und wozu soll das gut sein? Nur erkannte Fehler und Schwächen können wir abstellen, sonst behalten wir sie ein Leben lang bei! Bei unseren Mitmenschen sehen wir gar viele Fehler und Schwächen, da gäbe es viel zu bemäkeln – aber bei uns selbst? Das genau meinte Jesus mit seinem Gleichnis: *„(…) zieh zuvor den Balken aus deinem Auge und siehe dann zu, dass du den Splitter aus deines Bruders Auge ziehest!"*[42]

Den Nächsten als Spiegel zu betrachten, das bedeutet konkret: Wenn mich jemand in Aufregung versetzt oder verärgert, sollte ich nicht „zurückschlagen" – wie es eine gängige Reaktion wäre – *Was fällt dir ein …! Wie kannst du bloß …?* Da ich über die Spiegel-Funktion Bescheid weiß, halte ich mich zurück, nehme ich mein Ego zurück und betreibe stattdessen Innen-Forschung: *Was hat mich an Dir so aufgeregt? Was finde ich in mir vor, das sich so ähnlich anfühlt?*

Liebe Leser, Sie können sicher sein, dieses Gesetz der Spiegelung ist wirksam! Es wird heute im Auftrag Christi vom Cherub der göttlichen Weisheit gelehrt, der sich Bruder Emanuel nennt. Gab es bisher auf dieser Erde Schulen oder Orte, wo solche elementaren Lebensweisheiten vermittelt wurden? Mir ist nichts

42 Lukas 6,42

bekannt. Deshalb befindet sich diese Erde, 2000 Jahre nach Jesu Leben und Tod auch in dem fatalen Zustand, wie sie ist. Statt Lebensweisheiten zur Aufwärtsentwicklung der Seelen haben wir Schulen, wo das Kriegshandwerk gelehrt wird. Und was hat das zur Folge? Die Seelen entwickeln sich nicht, sondern stagnieren und erfahren noch weitere Belastung!

Doch eine neue Zeit bricht an!

Hat der Mensch das Wissen um all diese Zusammenhänge und den Willen, den aufwärtsführenden Weg zu gehen, dann kann sein derzeitiges Erdenleben seine letzte Inkarnation bedeuten. In der Jenseitswelt sieht es ganz anders aus. Für eine solch rasche Aufwärtsentwicklung fehlen dort, wie dargelegt, die Voraussetzungen. Dort ist niemand des anderen Spiegel und die Entwicklung geht nur langsam voran – es dauert Äonen, heißt es. Doch wo in diesem abgestuften Jenseitsbereich muss die gerade entkörperte Seele jetzt Wohnung beziehen? Noch ganz unten, oder schon weiter oben? Jetzt kommt erneut der Lebensrücklauf ins Spiel!

2.

Oben wurde beschrieben, wie die Seele ihre Zuwiderhandlungen in der Bilanz unmittelbar nach ihrer Entkörperung erkennen und dafür ein letztes Mal um Vergebung bitten kann. Sie erkennt aber nicht nur die Fehlhandlungen des einstigen Menschen, den sie „bewohnte", sie erfasst und erkennt in diesem Rücklauf ihren gesamten (!) Seelenzustand. Aufgrund dieser Einsicht begibt sie sich nun wie automatisch in den Bereich, der ihrem Seelenzustand entspricht. Dort befindet sie sich dann unter Seelen mit gleicher „Beschaffenheit", also unter ihresgleichen. Niemand weist der Seele ihre neue Wohnung zu, es gibt keine Platzanweiser. Kein Richter weist sie dort ein. Sie ist ihr eigener Richter, wie es Jankovich bereits erkannte, obwohl er ins Erdenleben zurückkehrte und selbst noch nicht ganz hinüberging. Er sah nur hinein und erkannte: Dort gibt es kein Streiten, kein Feilschen um bessere Plätze, wie wir es aus menschlicher Sicht vermuten könnten. Alles läuft wie von selbst ab.

Wie hieß es noch einmal in den mexikanischen Kundgaben: „(...) eure Selbsterkenntnis wird euch sagen, (...) in welchem geistigen Himmel ihr wohnen müsst."

*

Zu Beginn dieser Schrift wurde die Ansicht vertreten, dass in Gottes gesamter Schöpfung nichts ohne Grund geschieht, und die Frage aufgeworfen, welchem Zweck dann dieser Lebensrücklauf dienen soll. Zwei Antworten wurden darauf gegeben, beide wohl begründet und in sich schlüssig.

Welch ein Langmut, welch unendliche Güte des Ewigen gegenüber seinen gefallenen Kindern, wird in jedem Detail des dargelegten gigantischen Rückführungsplanes erkennbar. Hier wurden nur wenige Einzelheiten herausgegriffen und unter die Lupe genommen – das Gesamtgeschehen kann nur grob skizziert werden.

Wir alle werden wieder in das Reich der ewigen Glückseligkeit zurückkehren, wo es nicht die Spur von Leid und Kummer gibt, und nicht ein Einziger wird am Ende aller Zeiten verloren zurückbleiben. Dies geschieht nicht nach einer leiblichen Auferstehung von Fleisch und Blut, wie es hier klargestellt wurde, dafür in einer jenseitigen Seins-Form. Der Stoff, aus dem wir gemacht sind, ist so fein und unvergänglich, wie es sich kein Menschenverstand vorzustellen vermag.

Adam Fischer, im Februar 2020

Verwendete und empfohlene Literatur

(1) **Willem Cornelius von Dam,**
„Tote sterben nicht", Pattloch Verlag

(2) **Ragmond Moody,**
„Leben nach dem Tod", Rowolt Verlag

(3) **Pim von Lommel,**
„Endloses Bewusstsein", Knaur Verlag

(4) **Neuner-Roos,**
„Der Glaube der Kirche", Verlag Friedrich Pustet

(5) **Gabriele,**
„Wer sitzt auf dem Stuhl Petri",
Bd. 2, 1. Aufl., Verlag das Wort

(6) **Der Koran,** Nach einer vollständigen neuen Übersetzung
von Ahmad Milad Karimi, erschienen im Herder Verlag

(7) **Adam Fischer**
„Was der Mensch sät, das wird er ernten",
Verlag tredition

(8) **Gabriele**
„Die kirchliche und staatliche Gewalt und die
Gerechtigkeit Gottes", 1. Auflage, Verlag das Wort

(9) **Karl-Heinz Deschner**
„Abermals krähte der Hahn. Kriminalgeschichte
des Christentums", Random House

(10) **Holzbauer, Potzel, Schulte,**
„Das Kettenopfer", Gabriele Verlag Das Wort

(11) **Beatrice Brunner**
„Geistige Welt 1953", 1. Auflage, Verlag Pro Beatrice, Zürich

(12) **Johannes Greber,**
„Der Verkehr mit der Geisterwelt Gottes",
Leuchterhand Verlag, Kindenheim

(13) **Stefan von Jankovich,**
„Ich war klinisch tot", 9. Auflage 2011,
Drei Eichen Verlag

(14) **Ernesto Enkerlin,**
„Das Dritte Testament",
2. Auflage, Reichel Verlag, St. Goar

(15) **Gabriele,**
„Jeder stirbt für sich allein",
Verlag Das Wort

(16) **Dieter Hassler,**
„Indizienbeweise für ein Leben nach dem Tod
und die Wiedergeburt", Shaker media

(17) **Matthias Holzbauer,**
„Der Steinadler und sein Schwefelgeruch",
Verlag Das weiße Pferd

(18) **Kübli, Potzel, Seifert,**
„Die Rehabilitation des Christus Gottes",
Gabriele Verlag Das Wort

(19) **Yogananda,**
„Autobiographie eines Yogi",
Otto Wilhelm Barth-Verlag

(20) **Gabriele,**
„Die Zehn Gebote Gottes und die Bergpredigt
des Jesus von Nazareth", 1. Auflage,
Gabriele Verlag Das Wort